BILLY GRAHAM
Nearing Home
LIFE・FAITH・AND FINISHING WELL

ビリー
グラハム
天のふるさとに近づきつつ
人生・信仰・終活

福江 等訳　イーグレース

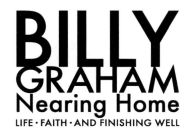

目次

序

私はこれほど長生きするとは思ってもみませんでした。

これまでの人生では、クリスチャンとしていかに自我に死ぬべきか、と教えられてきました。しかし、死ぬ前の年月をどのように生きるべきか、だれも教えてくれた人はいませんでした。教えてくれていれば良かったのに、と思います。それは私が今、老人であるからです。そして私の言う言葉を信じてほしいのですが、老人であることは容易なことではありません。

「老いは弱虫には耐えられない」とだれが言ったか分かりませんが、その通りです。老人たちが集まる所では、お気に入りの話題が何であるか大体見当がつきます。自分たちの最近の病気や痛みの話題です。

私はもうすぐ九十三歳の誕生日を迎えます。そして、神様が私を天のふるさとへ招いてくださる日が遠くないことを知っています。これまで以上に、その日を待ち望んでいます。それは私やすべての信仰者にとって、御国がすばらしいものを備えてくれていることを知っているからのみではなく、私の人生のこの段階で覆いかぶさってくるあらゆる重荷や悲しみからついに解放されることを知っているからでもあります。昨年、加齢に伴う病気で私は本当に苦痛を味わいましたし、その日を待ち望んでいるのは、ルースに再会できるからでもあります。彼女は約六十年間、私の愛する妻であり親友でもありました。ルースは二〇〇七年に心から愛し、とても忠実にお仕えした主のみ許に帰っていきました。彼女の身体的痛みと弱さとの闘いがすべて終わったことを私は喜んでいますが、今でもまだ私の身体の一部が引き裂かれているように感じています。そして、彼女がいなくて想像を絶するほど寂しく思っています。

確かに老いは弱虫には耐えられません。

しかし、これが話のすべてではありません。また、神様もそのように意図されておられるわけではありません。聖書は私たちの老いの問題に目をつぶってはおらず、かといって、老いを蔑むべきもの、歯を食いしばって耐えるべき重荷として描いてもいません（もし歯があればの話ですが…）。あるいは私たちの最後の年月は、神が最終的に迎えに来てくださるまで、役立たずで、限りなく退屈で意味のない活動に費やさざるを得ないものとして描いてもいません。

反対に聖書は、神様が私たちを生かしておられるには理由があると語っています。もしそうでなかったら、神様は私たちをずっと早く御国に召されたことでしょう。いったい、老年に対する神様の意図とは何でしょうか。そして、どのようにして私たちはそのご計画に沿うことができるのでしょうか。どうすれば私たち老人が直面する恐れや衰えに、またそれらとの闘いに対処できるかだけでなく、どうすればこのような困難の中で現実に内面が強くなることができるのでしょうか。未来に対して絶望ではなく希望を持って対峙するにはどうすればよいのでしょうか。私は年を重ねるにつれて、こういった疑問に対処せざるを得なくなってきました。そして、恐らく読者の方々にとっても同様ではないでしょうか。

けれどもこの本は老人のためだけに書いたものではありません。あらゆる年齢層の人々のために書いたものです。老いということについてあまり考えたことのない人々のためでもあります。その理由は単純です。老いというチャレンジに立ち向かうためには、老いがやって来る前にその準備をしておくことが最善だからです。読者の方々を私と一緒に冒険にお誘いします。それは老いの現実を探るだけでなく、希望と達成感、そして喜びをも見出す冒険です。老いというものを神の視点から見つめ、私たちが日々支えられている神の力を見出すなら、そういったものを手に入れることができます。

いつの日か私たちの人生の旅路は終わります。ある意味では私たちは皆人生の最終章に生きています。そのような今、あなたも私も神の助けをいただいて、老いの意味を学ぶのみならず、心のゆとりをもって老いを生き、この最終章を無事に終焉するのに必要な導きを見出すことができるようにと祈っています。

ビリー・グラハム

推薦のことば

東京キリスト教学園名誉理事長　吉持　章

「獅子が吼える。だれが恐れないでいられよう。神である主が語られる。だれが預言しないでいられよう」（アモス三章八節）。

あの重厚で心地よい声。短く、鋭く、矢のように心に突き刺さる説得力。そして何よりも魅了されたのが、実に明解な聖書の説き明かし、まさに神が、多事多難だった激動の二十世紀後半のために取っておかれた、選びの器であったと言えましょう。

一九五六年ビリー・グラハム博士の最初の日本訪問を導かれたのは、ホイートン大学時代からの無二の親友、ジャパン・クリスチャン・カレッジの学長ドナルド・E・ホーク学長でした。私はそのホーク学長に伴われ羽田空港でグラハム博士を出迎えた時が初対面でした。三回目は一九八〇年のビリー・グラハム大阪国際大会でした。この時の私の役割は、二万人を越える来会者への歓迎の挨拶と、B・Gクルセード側の聖歌隊の指揮者として著名なクリフ・バローズ師を指揮台にお迎えするまでの数分間に、盛り上がった雰囲気に持っていくことでした。実に貴重な経験でした。その時受けたグラハム博士の印象は、第一に祈りの人、第二はみことばへの信頼の人、第三は口数の少ない耳の人、という印象でした。

この度、イーグレープ代表の穂森宏之氏からこの本の邦訳版出版権を得て、出版できる運びとなり、ついてはその推薦文をお願いしたいと原稿を渡されました。英名は「Nearing Home」で、内容はグラハム博士特有の説得力に満ちたものです。いわゆる人生の終活を扱ったもので、翻訳本なのに全くそれを感じさせない名訳です。著者は序論で「私はこれほど長生きするとは思ってもみませんでした。これまでの人生では、クリスチャンとしていかに自我に死ぬべきかと教えられてきました。しかし死ぬまでの年月をどのように生きるべきか、だれも教えてくれた人はいませんでした」と述べておられます。第一章「ホームベースに向かって走る」、第二章「人生から引退しない」と教え、第五章「力は衰えても強く生きる」を一例として、当時百二歳だった歌手ジョーン・ベバリー・シェーや、八十八歳の指揮者クリフ・バローズ等がルイジアナ州立刑務所やビリー・グラハム図書館で音楽活動に参加された時のこと、特に百二歳のベバリーが壇上に座って歌ったこと等が特記され、大変励まされます。このお二人は、一九八〇年の大阪大会で共にご奉仕した五日間の思い出をよみがえらせてくれました。

本書の内容はすべてグラハム博士自身が体験された道の記録であり、読者の心に強く迫ってくる内容です。私も読み進むうちに「その日」に備えて遺言書を書き始めたからです。本書はグラハム博士の体験から生まれた人生のガイドブックと言えましょう。

第十章「昔と今」の内容も、希望と慰めに満ちていますが、もう許されたスペースは尽きました。

本書を読みつつ、申命記三四章五、七節「主のしもべモーセは主の命によりモアブの地で死んだ。……彼の目はかすまず、気力も衰えていなかった」を思い起こさせられました。著者も言います。「天国は私たちの住まいです。私は最終的に故郷に帰ることを待ち望んでいます。あなたもそうであることを祈ります」と。本書が各人の天の故郷をいっそう慕わしい存在としてくれますように願います。

三十歳代のビリー・グラハム師

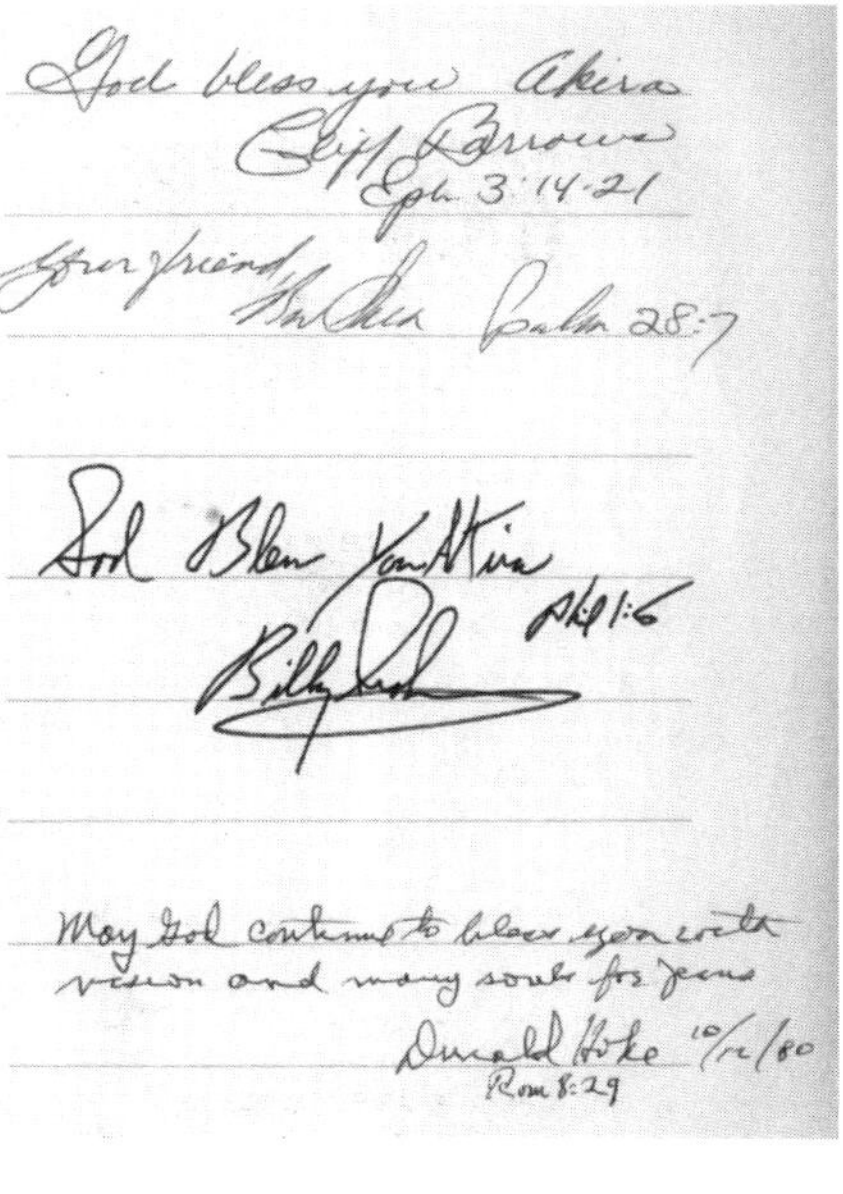

◆サインは上からクリッフ・バローズ師、ジョージ・ベバリー・シェー師、ビリー・グラハム師そして最後にドナルド・ホーク師

※写真とサインは、「推薦のことば」吉持章師提供。

第一章　ホームベースに向かって走る

どうか教えてください。自分の日を数えることを。
そうして私たちに、知恵の心を得させてください。

（詩篇九〇・十二）

神様の忠実な子どもは、昇進を待っている者であることを忘れないように。

（ヴァンス・ハヴナー）

老いるということは、私の人生で最大の驚きでした。今ここに生きている若者は、将来のことを考えると、おとぎ話のハッピーエンドが約束されている夢のように思われることでしょう。私はもうすぐ九十三歳になろうとしていますが、私もまたそのような夢見る若者であったのがそれほど遠い昔ではなかったように感じます。大きな期待をもって、自分のあらゆる願いを満足させる人生を計画していました。私は野球に熱中していましたから、若いころは人生を野球にかけていました。そして、そのスポーツに対する情熱が私をまっすぐ大リーグへとつなげてくれることを期待していました。私の目標は単純なものでした。ホームベースに立って、バットを手に持ち、大事な試合に没頭することでした。しばしば大リーグの球場の観客席にホームランを打ちこんで、観客の大歓声を聞きながらホームベースに向かって塁を回る時の自分の姿を想像してみたものです。

私の人生に何が待ち受けているか想像だにしませんでした。イエス・キリストに私の心を明け渡した後で、つまり、罪を悔い改め、自分の全生涯をキリストの御手にゆだねた後に、私はバットと共に自分の夢を捨て、信仰によって神様のご計画のすべてを受け入れ、神様が私の人生を最後まで導いてくださると信じました。そして事実、神様はその通りにしてくださいました。今もしてくださっています。将来もしてくださるでしょう。

自分の過去を振り返ると、神様の御手が私をどのように導いてくださったかが分かります。主の御霊が今も私と共におられることを感じます。そして最大の慰めは、人生のホームベースに向かって最後の区間を走っている今、神様は私を見捨てることはないということです。もしこのことが私に希望を与えてくれないとすれば、他のどんなものも希望を与えることは無理でしょう。

神のための大リーガー

私は今でも野球のファンです。必ずしもどのチームのファンかということではなく、野球の試合そのもののファンなのです。チームワークとか、戦略とか、相手チームを打ち負かすチャレンジなどに興味がわくのです。しかし、野球は私に対する神様のご計画ではありませんでした。それでも神様はこれら野球の大切な要素を神様へのご奉仕に取り入れることを教えてくださいました。主は私を祝福して、私と心を一つにしてくれる忠実な人たちからなるチームを与えてくださいました。他の人々を導いてキリストと共に永遠のホームに入れるようにと目標を定めている人たちのチームです。私たちのチームの戦略は、「全世界に行ってキリストを宣べ伝えよ」と言われる主のご命令に従い、敵であるサタンを打ち負かすことです。

私が説教を始めた頃は、球場やその他の競技場の中で説教をすることは全く考えていませんでした。牧師をしていた時は教会の中で説教し、若者たちに伝道する団体ユース・フォア・クライスト（ＹＦＣ）と一緒に旅していた頃は学校の講堂で説教をすることに慣れていました。一九四五年に戦争が終結した時、ＹＦＣチームの何人かはシカゴの軍人教練所（Soldier Field）で説教をする特権に与かりました。

今となっては細かいことは忘れましたが、私が初めて野外で福音を語るために立った日のことを覚えています。ルイジアナ州のシュレブポート市で全市伝道大会を開催するために招かれました。地元の講堂では来場者を収容し切れなかったので、組織委員会の方々は大会を野外に移さざるを得なくなりました。人々が大競技場での伝道大会に参加することについてどのように受け止めるか定かではなく、私はかなり神経質になっておりました。その時です。私は子どもの頃の夢を思い出したのです。ホームベースで手にバットを持つ代わりに、私は後日はるかにすばらしい特権であると知るようになるものを持っていました。説教壇の後ろに立って、聖書を手にして、聖霊の力に満たされるという特権でした。それはファンで満席の観客席を前にして試合をするのではなく、真理を求める罪人の心に神様のみことばを宣言することでした。

人生は実に驚きで満ちています。あれから何十年もの年月を経た今、私は今もなおバッターが見事にホームベースを踏むのを観ることを楽しみにしています。しかし、福音が野球場で語られ、それが電波に乗って全世界に運ばれる時、聖霊が人々の心の中で働いてくださることを見ること以上に私の心がときめくことは他にありません。野球のボールは大球場の最も深いスタンドに運ばれるかもしれません。しかし、神様のみことばは世界の隅々にまで届き、救いの福音を宣言するのです。その影響力を考えるだけで、今もなお私の心は興奮します。

イエス・キリストは死を克服されました。そして、そのご復活によって主は勝利しました。主はこの地上を離れる時、ご自分の弟子たちに戦略の中でも最大の戦略をお与えになりました。世界に出て行って福音を宣べ伝えなさい、というものです。主のおことばを聞いた後で、弟子たちは空を見上げて彼らの救い主が天のホームに帰られるのを見ました。

あなたはどのようなホームを準備していますか。人生のたそがれを楽しむための究極のドリームホームを建てるために一生を費やしている人たちがいます。門で囲まれた退職者専用のホームで生活するために自らの銀行口座をホームに預ける人たちもいます。人生の最後の日々を特別養護老人ホームで過ごす人もいます。神様を知らない人たちにとって、永遠のホームを選ぶということは最も重要な決断です。クリスチャンにとって人生の最後の走路は神様のいつくしみを証しできる時です。なぜなら主は「あなたがたのために場所を用意しに行く」(ヨハネ一四・二)と言われたからです。

「老年の賜物は思い出である」と言った人がいます。私は旅行をかなり縮小しなければならなくなりましたが、私個人の人生においてだけでなく、私の回りの人たちや世界中の人たちの人生においても神様の御手が働いているのを見る時、今もなお心がはやります。ここ数年は観察したり思い出したりする賜物が与えられています。これはひどく退屈なことだと思う人がいるかもしれませんが、思い出すことは聖書的なのです。

「あなたの神、主が…あなたを歩ませられたすべての道を覚えていなければならない」

(申命記八・二)。

「だから、どのように受け、聞いたのか思い起こし、それを守り…なさい」(黙示録三・三)。

「…わたしのすべての命令を思い起こして、これを行い…」(民数記十五・四〇)。

「主が行われた奇しいみわざを思い起こせ」（1歴代誌十六・十二）。

これらは頻繁に思い起こす価値のあるみことばです。

私よりも若い人たちが夜、眠れないと話しているのをしばしば耳にします。私にも同じような経験があります。でもそんな時、私は神様がしてくださったすばらしいみわざを思い起こします。そして、詩篇の作者が詩的に表現している言葉を思い出すのです。

床の上で　あなたを思い起こすとき
夜もすがら　あなたのことを思い巡らすとき
まことに　あなたは私の助けでした。
御翼の陰で　私は喜び歌います。
私のたましいは　あなたにすがり
あなたの右の手は　私を支えてくださいます。（詩篇六三・六―八）

神様を思い起こす時、老人にとってもすばらしい慰めが用意されています。

主は私たちが思い起こすようにと教えておられるだけでなく、聖書は主ご自身が思い出されること、また思い出されないことについて啓示しています。「主は　私たちの成り立ちを知り　私たちが土のちりにすぎないことを　心に留めてくださる」（詩篇一〇三・一四）と書かれてあり、悔い改める人々に対して神様は「…もはや彼らの罪を思い起こさないからだ」（エレミヤ三一・三四）と言われます。この神様のお約束を覚えていられることは本当に嬉しいことです。私が自らの罪を悔い改めたので、神様は私の罪を赦してくださっています。私たちはここに救い主のお心の中を垣間見ることができます。

旧約聖書はこのように思い出すことについて多く記しています。「遠い大昔のこと (things of old) を思い出せ」（イザヤ四六・九）とさえ言っています。今日の社会では「古い」ものは好まれないのかもしれません。けれども若い人たちは古めかしいジーンズのためにちょっとした大金をはたきます。古物収集家は骨董品に非常に高い価値を置きます。なぜなら、「古い」物だからです！またある人たちはぽんこつ車を買って、修理し、それから鼻高々に見せびらかしながら高速道路を走ります。なぜなら、それが古い物だからです。

老人が称えられ、仰ぎ見られ、尊敬される時代は過ぎ去りました。私がまだ子どもであった時、年長者には敬意を払うことを教えられました。しかし、当時、私がこの人は老人だと思った人はあまりいませんでした。私が小学生の時に亡くなった祖母以外は他の祖父母を知りませんでした。ですから、近い親戚の者で年を重ねている人を観察する機会がほとんどありませんでした。多分、家族の中で普段目にしていた最年長の人は叔父だと思います。叔父は日曜日のお昼のご馳走の時、私たちの家によく来ていました。私の記憶が正しければ、彼はシャーロット市の郡裁判所で建物の管理人をしていました。私は叔父が訪ねて来るのをいつも心待ちにしていました。というのは、叔父は大抵何か地元の政治や裁判所での出来事など面白い話をしてくれたからです。私にとって彼は年寄りに見えました（彼は当時まだ仕事をしていたので六十歳そこそこであったと思いますが）。ですから当時、叔父と同じくらい長生きすると思うか、ともし誰かが私に尋ねれば、恐らく私は「とんでもない！」と答えたと思います。

私の知っている限りでは、親戚の者で七十歳を過ぎるまで生きた人はほとんどいません。私の父は身体を衰弱させる脳卒中で何回か苦しんだ後、七十四歳で亡くなりました。一九五七年のニューヨーク市でのクルセードの後で（それは十六週間のきつい集会の連続で身体的に消耗するものでしたが）、私は協力者たちに告げました。私たちの仕事は集中を切らさず進めなければいけないので、私は五十歳以上は生きられないと思う（当時私は三十八歳でした）、と。その後、何年間も身体的問題を繰返しました。軽い時もあれば深刻な時もありました。そのようなこともあって、私は普通の人の寿命を生きられるかどうか疑わしく感じたのです。中年期の問題が加わって私の思いはさらに強まりました。

けれども神様はそのいつくしみによって、私のために他のご計画を立ててくださいました。

何が起こったのか定かではありませんが、年月の経過と共に、私は老人になっている、ということに徐々に気がついたのです。中年期は（認めざるを得ませんが）次第に遠ざかり、いわゆる熟年期というものに急速に近づいていきました。時々私の年齢はちょっとしたことに（ユーモラスな形で）現われるようになりました。親友の名前を忘れて時々恥ずかしい思いをしたり、飛行機や通りで見かけるほとんどの人が非常に若く見えることをしぶしぶ認めざるを得なかったり、レストランの給仕が私に年齢を確かめることなくシニア割引をくれたり、と。けれども私の年齢はもっとはっきりと深刻な形で自ずと明らかになってきました。ゆっくりとではあるけれど容赦なく気力が衰えていったり、障害を引き起こしたり致命的なことにさえなり得る病気に罹ったり、長年の知り合いの明らかな加齢とか死亡とか、妻ルースが何年もの間、果敢に厳しい闘病生活を送り、次第に衰弱していったことなどなどです。

他の人たちから聞いた話にも関心を持つようになりました。「中年の患者さんたちは否定するのですがね」と、ある医師が私の協力者の一人に言いました。「彼らはいつまでも激しいスポーツをし、行きたいところへ旅行し、一日に十二時間働き続けられると考えているのですよ。もし身体に異変が起きれば、私が治せると考えているのです。しかし、いつか彼らも目が覚めて、以前できていたことができなくなっていることに気がつくでしょう。やがて彼らも老人になります。気持ちの準備ができていないので、そのことが気にいらないでしょうけど」と。正直なところ私も年を取ることが気に入っているとは言えません。かつて自分ができていたことすべてを今でもできればいいのにと、ときどき思うことがあります。しかし、それは無理です。人生のこの段階によく見られる加齢による衰弱とか不安などに直面しなくともよければいいのに、と思うこともあります。しかし、現実に直面するのです。最近も「年を取らないように！」と何人かの人に冗談交じりに言ったことがあります。しかし、もちろん、年を取らないという選択肢はありません。長く生きれば必然的に老人になるのです。そして、老年には確実にマイナス面があります。そんなことはない、と言えば不誠実になるでしょう。

聖書は加齢に伴う消極的側面を隠してはいません。私たちも隠すべきではありません。あらゆる文学の中で、加齢に伴う弱さについて描写している最も詩的な（かつ正直な）表現は旧約聖書の伝道者の書の作者の手によるものです。神なしの人生の虚しさを概観した後で、まだ若いうちに神に人生をささげよと、この作者は読者に強く勧めるのです。どうしてでしょうか。それは、そうすれば神様が即座に彼らの人生に意味と喜びを与えてくださるからですが、それだけでなく、その決断を先延ばしにすると、年を取りすぎて神様のすばらしい賜物を楽しむことができなくなるからです。今、神様に立ち返りなさい、と作者は強く勧めるのです。

わざわいの日が来ないうちに、
また「何の喜びもない」という年月が近づく前に。

太陽と光、月と星が暗くなる前に、
また雨の後に雨雲が戻ってくる前に。
その日、家を守る者たちは震え、
力のある男たちは身をかがめ、
粉をひく女たちは少なくなって仕事をやめ、
窓から眺めている女たちの目は暗くなる。…
臼をひく音もかすかになり、…
人々はまた高いところを恐れ、
道でおびえる。（伝道者の書一二・一―五）

作者の詩的な表現の裏にあるものは、加齢によって私たちの心身の健康がそこなわれる現実です。力の衰え、かすむ目、震える手、老化した関節、健忘症、難聴、孤独、衰弱がさらにひどくなる恐れなど、挙げればきりがありません。先日「丈夫な部分はもはや何もないよ」とある友人がため息をつきながら私に言いました。彼の気持ちがよく分かります。

しかし、老人になるということはこれだけでしょうか。老年とは残酷な重荷であって、年月と共にますますそれがひどくなるだけでしょうか。将来に何も喜びを持って待ち望むものもなく、ただ死ぬだけでしょうか。それともこれだけではない何かがあるのでしょうか。

ゆとりを持って老いる

聖書になじんでいる人でも、旧約聖書の中に出て来るバルジライという人について思い出せないかもしれません。彼について知り得ることはほんの数カ所にしか記されていません（2サムエル記一七・二七―二九、一九・三一―三九）。彼は八十歳でした。ですからもし彼がかつて担っていた責任を他の人たちに負わせて、残る日々を過ごすことにしたとしても、誰も彼を咎めることはなかったことでしょう。しかし、彼はそうはしなかったのです。

ダビデ王は老年になってエルサレムから命からがら逃亡せざるを得なくなりました。それは彼の反抗的で高慢な息子アブサロムによって反乱が引き起こされたからです。ダビデは懸命に逃亡して東に行き、ヨルダン川の向こうの荒れ野の地方に逃れました。力を消耗しきって食べ物もほとんどなくなり、ダビデと彼の忠実なしもべたちの一団は最終的にマハナイムという人里離れた村にたどり着きました。そこでバルジライが大きな犠牲を払い命を脅かす危険まで冒して、ダビデ王とその部下たちのために食べ物と隠れ家を提供したのです。バルジライの助けがなければダビデとその部下たちは滅びてしまっていたかもしれません。

アブサロムが殺されて反乱が失敗した後で、ダビデはバルジライのもてなしに感謝して、自分の軍隊と一緒にエルサレムに来ないかと彼を招きました。バルジライの残る生涯、ダビデは彼の面倒を見ることを約束したのです。考えても見て下さい。快適な王宮で残る生涯を過ごすという招待を受けたのです。しかも王の友人として！

しかしバルジライはこの招待を断りました。どんな理由で断ったのでしょう。彼はすでに年を取り過ぎていて、そんな大きな変化についていけないと言ったのです。「私は王様と一緒にエルサレムに行くには年を取りすぎています。私は今、八十歳です。もはや私は何も楽しむことができません。食べ物も葡萄酒ももはや味がありません。歌う人たちの歌を聞くこともできません」（2サムエル記一九・三四―三五）。年を取り、身体も弱くなり、難聴なので、エルサレムで王と一緒に住もうという招待でさえ（もし十年かそこら若ければ彼はきっと飛びついたチャンスであったでしょうが）、彼にとってもはや魅力がなかったのです。老いが大きな負担となったのです。

聖書はどうしてこのような目立たない一人の老人の人生からこの短いエピソードを記録しているのでしょう。それは単に老いの痛ましさや人生の短さについて気づかせるためではありません。そうではなくて、聖書がこの物語を話すのは重要な事実を私たちに告げるためなのです。それはつまり、神様とその民のためにバルジライが行ったすばらしい奉仕は（彼の全生涯の中で聖書に記録するに値する行為であったのですが）彼が老人であった時になした行為であったということです。ダビデ王と彼の逃亡する一団がバルジライに近づいて行った時、バルジライは次のように自分に言うことも十分できたはずです。「私はもはや年を取りすぎていて、このようなことに巻き込まれたくない。もし若い者たちが助けたければそうすればよい。彼らには力がある。ともかく、私がこれまで老後のために蓄えてきたものをダビデ王とその部下たちを助けるために使うのは愚かなことだ。もし我々がダビデを助けたら、アブサロムが我々を襲ってきて村を略奪するだろう。どうして面倒なことをしないといけないのか。どうしてわざわざ危険なことをしないといけないのか。この年になれば、十分心配事があるのに」と。

バルジライはそうは言わずに、弱っている王を助ける組織作りの先頭に立ちました。聖書は次のように語っています。バルジライと友人たちは、「寝台、鉢、土器、小麦、大麦、小麦粉、炒り麦、そら豆、レンズ豆、炒り豆、蜂蜜、凝乳、羊、チーズを、ダビデと彼とともにいた民の食糧として持ってきた」（2サムエル記一七・二八―二九）と。このような取り組みのために注ぎ込まれたであろう全組織と犠牲を考えても見てください！バルジライはそこに助けを必要としている人々を見、自分の年齢と衰えを顧みずその必要に応えるためにできる限りのことをしたのです。もし彼が助けなかったら、あるいは、助けることを拒否していたとしたら、ダビデとその部下たちは死海の向こうの人を寄せ付けない荒野で死に絶えていたかもしれません。そして、神の民の後の歴史は大きく違っていたかもしれません。しかし、バルジライはダビデ王たちを失望させることなく、王の命は救われたのです。

大事なことは次の点です。老人であったバルジライは、かつて若い時にしていたことがすべてできたわけではありません。しかし、彼はその時の自分にできることをしました。それで神様は彼の努力を用いてくださいました。年を重ねて行く私たちについても同じことを言うことができます。

このように多くの証人たち

聖書の中では、老年になって最もすばらしい働きをした人はバルジライだけではありません。事実、聖書には老年の時にしばしば大きな影響力を持って神様に用いられた人々の例がたくさん出てきます。聖書によると、ノアと洪水の時代以前には神様はご自分のしもべたちに長い寿命を与えられました。アダムは九三〇年生きました。メトシェラは聖書の中で最も長生きをした人で、ノアの祖父でしたが、彼は九百六十九歳の時に亡くなりました。メトシェラが生きていた間、彼の父親のエノクは、神様と親しい関係の中で生きることがどのようなものかを息子に示し、すばらしい模範となりました。聖書は次のように語っています。「エノクの全生涯は三百六十五年であった。エノクは神と共に歩んだ。神が彼を取られたので、彼はいなくなった」（創世記五・二三―二四）。エノクの信仰深い模範は息子だけでなく、彼の子孫にも長く影響を与えました。聖書の中ではエノクのひ孫のノアほどすばらしい信仰の模範者は他にはほとんど見られません。神様をさげすみ、想像し得るあらゆる罪の中に人々が生きていた時代の真っただ中で、「ノアは正しい人で、彼の世代の中にあって全き人であった。ノアは神とともに歩んだ」（創世記六・九）と聖書は語っています。神様がノアに方舟を造り始めるようにお命じになられた時、彼は五百歳を過ぎていました。

洪水の後で（神様は洪水を通して反抗的な世界に裁きをもたらされ、生命が再び可能になる手段を備えられました）、神様はもう一人の老人、アブラムをお選びになり（後に彼はアブラハムとして知られるようになります）、ご自身の計画を継続されました。アブラハムは神様によって召し出され、一つの国民の創始者となり、その国民を通して人類の救い主、メシアが到来することになるのです。神様がアブラハムを最初に召し出された時、彼は七十五歳でした。そして、「神がアブラハムに告げられたその時期に、年老いたアブラハムに」（創世記二一・二）息子のイサクが生まれたのはアブラハムが百歳になった時でした。

聖書には他にも神様が老年で用いられた人々の例が点在しています。老年だからという口実で神様の求めておられることを無視しようとはしなかった人たちです。神様がモーセを召し出し、シナイの荒れ野を離れ、エジプトに帰ってユダヤの民を奴隷状態から導き出させたのは、彼が八十歳の時でした。彼は四十年後に亡くなるまで彼らの指導者に留まりました。モーセの後継者であるヨシュアは、神様が民を約束の地に導き入れる責任を授けられた時、約八十歳でした。そしてヨシュアは百十歳で亡くなるまで奉仕を続けました。神様が最初エレミヤを預言者として召された時、彼はまだ若者でありましたが、反対勢力や戦争があったにもかかわらず、彼は死ぬまで神様の召しに忠実であり続けました（恐らく九十歳代であったと思われます）。

新約聖書でも同じように老年時代に神様によって用いられた人々の例が多く記載されています。神様がザカリヤに告げて、彼の妻のエリサベツはメシアの先駆けとなる洗礼者ヨハネを産むであろうと言われた時、最初彼はその知らせを信じられませんでした。その理由は、「この私は年寄りですし、妻ももう年をとっています」（ルカ一・一八）というものでした。けれども、彼の疑いにもかかわらず、神様は彼ら二人をとにかく用いられました。マリアとヨセフが幼子イエスを神様におささげするために神殿に連れて行った時、この幼子が約束されたメシアだと気がつき喜んだのがアンナという人で、「この人は非常に年をとっていた。…やもめとなり、八四歳にもなっていた」（ルカ二・三六―三七）のです。使徒ヨハネは孤島パトモスで信仰のゆえに囚われていた間に、あの黙示録の書を書きました。その時恐らく彼は九十歳代であったと思われます。パウロは長年の犠牲を伴う宣教師としての奉仕の後で獄に囚われていた時に書いた手紙の中で、自らを「年老いた」者と表現しています。けれども、彼は獄から解放されてキリストを宣べ伝え続けるという希望を宣べています（ピレモン九、二二）。老年期に神様が用いられた人々の例は、聖書からだけでなく歴史の書物からも非常に多く見ることができます。

証人に加わる

けれどもあなたは次のようにつぶやいているかもしれません。「ま、そういったことはその人たちについて言えるかもしれないが、自分には無理ですよ。いつか私も老人になります。その時は私のお役目は終わりです。それに、私が引退する時はゆっくりしたいですからね」と。そういった日々がすでに始まったと確信を持っている人もいるかもしれません。

しかし、上に挙げたのは特別な人たちではなく、必ずしもめったに出ない突出した超人的な人たちでもありません。あの人たちも大体において普通の人たちです。ですから、彼らから私たちが学ぶべき事柄があるのです。まず一つはこれです。老年期には身体的制限や困難があるかもしれませんが、それにもかかわらず、私たちの老年期は人生で最も実りのある達成感を得られる時となり得るということです。あの人たちの場合はそうでした。私たちにとってもそうなり得るのです。

彼らは精神的にも、身体的にも、感情的にも、そしてとりわけ霊的にも老年期がもたらす事柄に対して心備えができていました。そのことが全てを変えたのです。あの人たちにあのような活躍ができたのは、老年期がやって来るずっと以前に、すでに老年期の困難に対して備えていました。老年期が来て不意を付かれたのではありません。神様が彼らを長生きさせてくださるなら、神様は彼らと共にいてくださるということ、そして神様が彼らを生かしておられるには理由があるということを知っていたのです。あの人たちにとって老人になるということは何か否定すべきこと、あるいは不安になることではありませんでした。老年期は彼らの人生にとって神様のご計画の一部として受け入れるべきものでありました。彼らは普通の人間でしたが、すばらしい信仰を持った人たちでした。

あの人たちはどのようにして老人になるという予想外の紆余曲折のための心備えをしたのでしょうか。私たちは自分の現在の年齢が何才であろうと、そのような老年期のためにいかにして備えることができるのでしょうか。別な言い方をすれば、どのようにすれば固く揺るぎない土台の上に自らの人生を築くことができるのでしょうか。私たちの人生の残る日々をしっかりと下から支えてくれる、そのような土台を築くにはどうすればよいのでしょうか。神様は私たちが必要としているその答えを与えてくださっています。その答えを見出し、それを自分の人生に当てはめさえすればよいのです。

勝利を待ち望みつつ御国に近づく

老いということは私にとって人生最大の驚きでしたが、最大の勝利が未来に待っています。死に勝利して私の救い主、イエス・キリストの永遠の臨在の中に招き入れられるからです。世間の人々は老いというものを人生の素晴らしい局面であると信じないかもしれませんが、私の祈りはイエス・キリストを信じている人々が人生の最後の日々を力強く歩んでくれることです。それはちょうどモーセが百二十歳で召された時のように。「モーセは…ネボ山…に登った。主は彼に次の全地方をお見せになった。…こうしてその場所で、主のしもべモーセは…死んだ。…モーセのような預言者は、もう再びイスラエルには起こらなかった。彼は、主が顔と顔を合わせて選び出したのである」（申命記三四・一、五、一〇）。

これはすばらしいみことばです。モーセは昔、神様に不従順であったために約束の地に入ることが許されませんでしたが、神様は彼の晩年に約束の地を見ることを許されたのです。神様はそのご支配の中で老人たちの視力を衰えさせ、霊的な目で永遠を見ることができるようにしておられるのではないかと思うことがしばしばあります。

神様のみことばによると、モーセの後継者ヨシュアは、「知恵の霊に満たされていた。モーセがかつて彼の上にその手を置いたからである。…主がモーセに命じられたとおりに行った」（申命記三四・九）。モーセの死後も彼の影響はヨシュアの中に生き続け、ヨシュアは神様の民の偉大な司令官となりました。

あなたに従っている人々に対してあなたはどのような信仰の証しを残しているでしょうか。神様があなたのために何をしてくださったかを思い起こすことは、老年期のあなたを元気づけてくれます。他の人々はあなたの行動と態度を見ています。あなたが与え得る影響力を過小評価しないで、人生の土台を築く神様のみことばの真理を伝えて行きましょう。それは若い世代がヨシュアのように、「知恵の霊に満たされ」るためです。

第二章　人生から引退しない

さあ、あなたがただけで、寂しいところへ行って、しばらく休みなさい。

（マルコ六・三一）

老いを不快に思わないように。多くの人は老いという特権を持っていないのですから。

（作者不明）

「人生を楽しみなさい。人生には消費期限があるから」というステッカーが年代物の赤色のフォードのサンダーバード・オープンカーに貼られていました。その車はピカピカの新車で黒色のティーバードの横に駐車してありました。この二台の車の年代の違いはどれくらいでしょうか。約五十年です。私は思わず笑ってしまいました。というのは、そのサンダーバード・オープンカー一九六一年型車の後部座席に運転手の孫である十代の子と幼児が座っていたと知ったからです。一方、黒色のティーバードの所有者はサンダーバード・オープンカーの運転席に座っていた人の息子でした。三世代が家族休暇で来ていたのです。このことで私の子どもたちがまだ小さくて全員が一つの車に身を寄せ合っていた頃のことを思い出しました。私たちは「身を寄せ合う」という言葉の意味を理解していました。今日のほとんどの家族にとっては、遠い過去のことでしょう。

私の友人が駐車場でのこの話を私に伝えてくれました。彼女がそのサンダーバード・オープンカーの運転席に座っていた老人とその妻と話をしていた時、他の人たちが集まってきて当時六十一年型のブレット・バードとも呼ばれていたこのサンダーバード・オープンカーに見ほれていました。その車はアメリカのドリームカーとしても知られていました。ジョン・F・ケネディはブレット・バードの大ファンでした。それで彼の一九六一年の大統領就任パレードでは五十台ものブレット・バードが使われました。その古い車が皆の注目の的になり、一方であらゆるハイテク機能のついた新しい型のティーバードが目立たない存在になっていることを知って、私は興味深く思いました。その新しい型の車の方にはだれも乗り込んで見せびらかす人がいなかったからかもしれません。しかし私はむしろこう考えるのです。祖父母と一緒にドライブに行きたくてウズウズしている二人の元気な孫たちと白髪のグランパとの対照的な光景に人々が関心を惹かれたのではないかと。それとその車をこの人物が個人的に五十年間も乗っていたのだ、という事実が本物の味わいを醸し出していたのだと思うのです。

何でも高速で簡単に満足感をもたらすものに魅了される今の時代にあって、過去の遺物や骨董品や着古したジーンズなどは別世界の物だと思われています。しかし、あのコカコーラ社が一九八五年に百年続いた製法を変えた時、一般市民から反対が起こりオリジナルの製法を要求したのです。ですからわずか二カ月足らずで会社はやむなくコカコーラ・クラシックという名前でその飲み物をスーパーの商品棚に戻さざるを得なかったのです。その結果、その清涼飲料水の会社の売り上げは急上昇しました。マーケティング責任者の結論は、オリジナルの製法は時代を超えて生き残っているということでした。「本物」に手を加えてほしくないという多くのファンによって証明されたように、企業秘密のレシピが新しいレシピに勝ったのです。

一体こういった事柄が老いと何の関係があるのでしょうか。古いものは本物だということです。古いものには偽りがないということです。古いものは価値があるということです。古いものは美しいという人もいます。ある年配の婦人がこう言ったそうです。「もし時間とお金と勇気があったら美容整形をするのに…。私の顔は垂れ下がっていますよ！」と。彼女の最愛の夫が言いました。「ダーリン、最もお金がかからなくて持続する美容整形はただスマイルだけだよ。スマイルすると顔が上に引き上げられて、人々を魅了するからね。」と。

確かにすべての老人がドリームカーを運転したり、美容整形を施したりできるわけではありません。けれども、私たちは自分が置かれている所で満足することを選択することはできます。結局、それ以外の選択は地上からいなくなるということですから。使徒パウロのように、「私は、どんな境遇にあっても満足することを学びました」（ピリピ四・一一）と言うことができるでしょうか。私はかつて車を運転していた日々をなつかしく思っていることを認めざるを得ません。けれども、私が行かねばならない所へ連れて行ってくれる人たちに感謝しています。身体的苦痛によって、もはや私が望んでいるほどに若くないのだということを気づかせてもらいます。そして、今もこうして生かされていてこのような話をすることができ、忍耐強く私に耳を傾けてくださる人もいることに感謝しています。鏡はうそをつきません。けれども、鏡に向かって笑顔になることができます。なぜなら視力が衰えてきているので、しわが見えないからです。九十二歳になっても、私の願いはすべてに満足することを学習することです。学んだり笑顔を作ったりできなくなるほど老け込んではいけません。

こんな話があります。ある警官が一人の上品そうな婦人の走行を止めました。警官は彼女にどうして制限速度を超えて運転していたのか尋ねました。助手席に乗っていた老紳士が笑って言いました。「すみません。私たちはどこに行くのか忘れる前に目的地に急いでいたところです！」と。目的地に着くことは大切なことです。私たちの後について来ている人たちも同じように大切です。なぜなら彼らもまた同じ旅をしているのだからです。そのことにまだ気がついていないだけです。老人たちは若者たちについていくのに苦労するかもしれません。でも、覚えておきましょう。私たちが息をしている限り、私たちが先を行っているのです。私たちの後の世代の人たちは老いということを私たちから学んでいるのです。私たちは良い模範になっているでしょうか。私たちは皆、間違いを犯したことがあるし、ある事柄をやり直すために時間を戻せるものなら戻したいところですが、それはできないことを知っています。しかし、私たちが失敗や成功から学んだ教訓は、私たちの後について来ている人たちの助けになります。彼らに与えることができるかもしれない影響力は、私たちが召された後に良い思い出となって残るか、それともただ単に「去る者日々に疎し」となるか、その分かれ目になるのです。

私たちのミニストリーの友人の十代の娘さんが、彼女の祖父を自宅で見送った時のことを話してくれました。彼女は目に涙を浮かべて言いました。「私はパパ（祖父のこと）が祖母から受けた心のこもったケアを忘れることができません。病気の人や死が近い人に暖かい心を伝えることを教えてくれました。とりわけ、厳しい状況の中でも勇気を持って生きることを私に教えてくれました」と。長い人生の道のりを旅した人々から若い人が学ぶことはたくさんあります。同じように、老人もまた若い人が老人の人生に貢献してくれる事柄を尊重することは知恵のあることです。若い人は私たちの失敗を見るでしょうし、また私たちの勝利をも見るでしょう。できれば私たちも彼らの苦闘や業績に気づき、まだ見ぬ未来に向かう彼らを励ましたいものです。聖書は次のように語っています。「すべてのことには定まった時期があり、…すべての営みには時がある。…求めるのに時があり、あきらめるのに時がある」（伝道者の書三・一、六）。あきらめる時に得られる教訓があります。悲しみや失望の時においても、神様の目的を見逃さないようにしましょう。なぜなら神様は私たちの旅路にいつも共にいてくださるからです。

長い間猛烈に仕事をしてきて引退を待ち望んでいたある夫妻の話を思い出します。毎年、彼らは休暇のためにアメリカの北西部にある海岸沿いの人里離れた同じ海辺の町に行っておりました。夫は大こ手の飛行機会社に勤めていましたから、彼らは広範囲に旅行をすることができました。けれども、ここは彼らの逃れの場所、世界中でここだけは真にリラックスすることのできる場所でした。彼らにとって爽快な浜辺を歩くことや太平洋に沈む夕陽を眺めながら静かに夕食をとること以上にリフレッシュさせてくれるものはないと感じました。海の見える小別荘が売りに出された時、彼らは即座に買いました。将来引退した時の天国を見つけたと確信していました。

ついにその日が来ました。航空会社は彼の長年の働きにふさわしい敬意を払いました。夫妻は自宅を売りに出し、新しい家に向かって一二〇〇マイルの旅を始めました。彼らは自由に暮らしました。波打ち際の長い散歩、小さな町のゆったりとした生活、自分で予定を立てて好きなことをする自由、すべてが彼らの予想していた通りでした。これぞ人生だ、という生活でした。

しかしながら、五週間ほどが経った時、不安が忍び寄ってきたのです。そして、彼らは間違いを犯したことに気づきました。打ち寄せる波が岩に砕け散るのを見ても、一二〇〇マイル離れた所の以前の生活の穴を埋めるには十分ではありませんでした。何週間かリラックスして、あらゆるレストランやコーヒーショップを度々訪れるうちに、店も魅力を失い始めたのです。「これからの二十年か三十年の間、私たちはずっとこんなことをし続けるのだろうか」「子どもたちや孫たちから離れるとは一体私たちは何を考えていたのだろう」と思い始めました。幸いにも彼らが三十年間住んでいた家はまだ売却されていませんでした。そこで彼らは荷造りをして元の家に戻って行きました。航空会社のその手腕家は元の会社で非常勤のコンサルティングの仕事を引き受け、そして次のように言い添えました。「私は引退の潮時だと思っていました。しかし、きちんと考え抜いていなかったのです」と。

引退生活への移行

似たような話をすることができる人が多くいることでしょう。「垣根の向こう側の芝生は（いつも）ずっと青々としている」という古いことわざは今も当てはまります。引退は二週間の休暇とはずいぶん異なります。そして、私たちが若くても年を取っていても、人生にとって変化は必然的について回ります。私たちは子ども時代から青年期に移行し、そして、青年期から社会人へ、さらに恐らく結婚や子育てへと続き、ついには、空の巣へと移行します。人生の変化はある場合は予想がつきますが、予想がつかない場合もあります。

人生にはたくさんの変化がありますが、最大の変化の一つは引退と共にやってきます。その時を待ち望んでいる人もたくさんいます。それを嘆いている人もいます。遅かれ早かれ長く生きる人は誰もが引退を経験します。「引退が待てないですよ」と過日六十代初めの男性が手紙に書いてきました。長い間、何百回となく聞いたセリフです。また別の人は次のように私に言いました。「妻と私はまだ三十代です。私たちの最大の願望は私が五十歳になるとき引退できるようにすることです」と。反対に最近私に次のように告げた人もいます。「私は引退を非常に心配しています。会社の規約では引退は強制的となっています。ですからあと数年で仕事を人に譲らねばなりません。私は仕事が好きですから、仕事なしの人生など考えることができません」と。

引退に対する反応は人によってまちまちです。しかし、大抵の人にとって仕事の年月の終わりは大きな分岐点です。仕事人生の終わりを告げるだけでなく老年期の始まりでもあり、画期的な出来事です。引退は私たちの多くが年を取るときに直面する変化の一つに過ぎませんが、それでも大きな変化です。たとえ伴侶が家庭の外で働いたことがなくても、引退への移行は私たちと同じように伴侶にとっても厄介なことです。

引退後の人生は休息と気晴らしの時間だと想像するかもしれません。ある程度それはその通りです。しかし別な側面があるのです。人生の他のすべての時期と同じように、私たちの老後もまた絶えざる変化で満ちています。引退の決断、異なる日常生活への適応、加齢に伴う健康の衰え、伴侶の喪失、引っ越し、あるいは家を縮小する必要、益々他人への依存等々、引退生活にはそれなりの困難と適応がもたらされます。

それにもかかわらず多くの人々は引退生活の現実に対して十分な備えができていません。引退生活を非現実的に楽観視するか、それともまるっきり考えないかのどちらかです。「引退とか加齢とかといったことは考えたことがありませんでした」と、ある引退したビジネスマンがかつて私に吐露したことがありました。「もし引退後の生活を前もって計画しなかったと同じように自分のビジネスを経営していたとしたら、きっと破綻していたことでしょう」と彼は付け加えました。「私は自分の老後の備えはできていたと思っていました」と一人の女性が私に手紙を送ってきました。「独身の職業婦人として経済的安定を確実なものとするために、細心の注意を払ってきました。ところが、私が直面している気持ちや霊的な困難さに対しては全く備えをしてこなかったことにやっと気づき始めました。経済的安定がすべてではありませんでした。全然違います」と。

引退生活と聖書

仕事は私たちの人生に対する神様のご計画の一部です。仕事は単に生きるための手段だけではありません。それは私たちが神様に栄光をお返しするために神様が与えてくださった大切な方法の一つです。伝道者の書の作者は次のように明言しています。「人には、食べたり飲んだりして、自分の労苦に満足を見出すことよりほかに、何も良いことがない。そのようにすることもまた、神の御手によることであるとわかった」（伝道者の書二・二四）と。パウロは次のように語っています。「こういうわけで、あなたがたは、食べるにも飲むにも、何をするにも、すべて神の栄光を現すためにしなさい」（1コリント一〇・三一）と。

イエス様は、そのご生涯の大半、ご自分の手で働かれました。「この人は大工ではないか」（マルコ六・三）と言って、イエス様に敵対する幾人かの人たちはあざ笑いました。大工のような普通の職業の人がメシア（救い主）などになれるはずがないと（間違って）みなしたのです。使徒パウロも同じように自分の手で働き、旅をしながら天幕づくりをしてしばしば生活費を稼いでいました（使徒一八・三）。神様の目から見て、すべての合法的な仕事は尊く大切なものです。これが意味することは、私たちは自らの仕事に誇りと忍耐と誠実さをもって取り組むべきだということです。

しかしながら、仕事が私たちの人生の中心となることは決して神様の意図ではありませんでした。人生の中心は神様だけであって、仕事が私たちを支配することを許すと、仕事は私たちにとって偶像になってしまいます。これは間違っています。一週間に七十時間か八十時間（あるいはそれ以上）働いていることを自慢する人は恐らく、自分が仕事を意のままにしていると考えているけれど、実際は仕事の奴隷になっているのです。さらに、自分の生活があまりにも仕事中心になっているので、自分のアイデンティティや自尊心（つまり、人としての自分の価値や意味）がしばしば自分の仕事の能力に依存するようになります。不幸なことに、私たちの物質主義的な社会はこのような見方を強くするばかりです。しかし、神様が言われることは、あなたは仕事よりも尊いということ、そして仕事はあなたに対する神様のご計画の一部に過ぎないということです。

それでは仕事を辞めて引退することは神様の御目には適っていないということでしょうか。確かに引退という言葉—特に今日私たちがその言葉を使う意味において—は聖書の中に見られません。ほとんどの場合、古代世界の人々は身体的に可能な限り働いていました。働かざるを得なかったのです。なぜなら、彼らの老後を支える社会保障制度や退職後のための貯蓄制度などがなかったからです。それに付け加えて、多くの人々は農夫や漁師や職人として自分たちのために働いていました。ですから、生き抜くためにできるだけ長く働く必要がありました（今でも世界の多くの地域ではこのことが当てはまるのですが）。もし働けなくなった場合は、彼らは大抵、家族に面倒を見てもらわざるを得ませんでした。しかしながら、時にはそういったことができないこともありました。そのため聖書は家族の支援が得られない人々のために特別に配慮するように教えています。例えば、未亡人とか、孤児とか、障害を持つ人々とかです。詩編の作者は次のように記しています。

　弱い者とみなしごのためにさばき
　苦しむ者と乏しい者の正しさを認めよ。
　弱い者と貧しい者を助け出し　（詩編八二・三―四）

聖書の中で唯一はっきりと引退について言及されているのは、レビ人に関する箇所だけです。彼らには幕屋（後には神殿）で祭司たちの補助をする責任が与えられていました。建物の維持や礼拝で用いられる聖なる物の管理がその責任の中に含まれていました。彼らの任務は二十五歳から始まりました。けれども聖書は次のように語っています。「五十歳からは奉仕の務めから退き、もう奉仕してはならない」（民数記八・二五）と。その理由については記されていません。しかし恐らく、礼拝で用いられる物を（身体的に弱くなったために）誤って落としたり、その結果破損したり、儀式的に汚れたものとなるという危険を最小限にするためであったのでしょう。レビ人の新しい世代に責任を担うチャンスを与えるためでもあったのかもしれません。

今日では私たちは大きく異なった世界に生きています。仕事から引退し、老後を楽しむという考えは、私たちの考えにかなり定着してきています。年配の人々は若い人々に雇用の機会を与えるために、引退するようにしばしば圧力がかけられます。引退することは別に悪いことではありません。引退した後の年月は、もし私たちがそれを神様からの贈り物と見るなら、私たちの人生の最高の年月にもなり得るものです。神様は宇宙を創造されるというお働きを終えられた時、七日目にお休みになられました。ですから、私たちの仕事が一応終わって休むための機会を神様からいただいたのなら、私たちは罪意識を感じるべきではありません。

私の引退生活

説教をするという私のライフワークから一線を退くという決断は、私にとって簡単なものではありませんでした。私は人々に告げていたのですが、神様が私を引退させようとお決めになられる時、初めて私は引退します、と。しかし、この言葉で私は何を言おうとしていたのでしょうか。ゆっくりとではありますが次第に分かってきたことがあります。それは、神様が私に引退を求めておられるかどうかをどのようにして知ることができるか、健康が大きな危機に直面する時は別として、私には確信が持てなかったということです。ある有名な説教者について聞いたことがありました。彼は引退すべき時が来ても、その後長い間、説教をし続けました。ところがある日、誰かが彼の腕を取って優しく説教壇から連れ出して行かねばならなくなりました。なぜなら彼は話が支離滅裂になっていたのです。私はそのようなことには絶対なりたくないと思いました。

けれども時が経つにつれて、かつてのようなスケジュールを維持するスタミナがもはや自分にはなくなっていることに気がつき始めたのです。随分と祈り、私の尊敬する英知のある人々とも相談した後で、私は全市クルセードの長さ（と回数）を少なくし始めました。二週間から十日へ、さらには一週間にし、最終的には三日にしました。また、自分の力を保持するためにできるだけ他の約束事を制限するようにしました。やがて、組織運営の日常的な責任を徐々に息子のフランクリンに任せるようになっていきました。彼の伝道に対する献身と、世界的なキリスト教の支援と伝道団体の責任者としての広範囲な経験を通して、私たちの働きを引っ張っていくのに彼がふさわしいことは明らかでした。

二〇〇一年に理事会は全員一致で彼を私の後継者として総裁に選出しました。

それでも私たちのクルセードは継続しました。年を取ると共に、三日間のクルセードでさえも私には心身を消耗してしまうものとなりました。けれども、神様はみことばの説教を祝福し続けてくださいました。このような状況の中で、どうして引退することができるでしょうか。あまり長く居座り続けたくないという思いと、あまりに早く引退したくないという思いが半々でした。クルセードのミニストリーから引退するという決断は徐々にやって来ました。正直に言いますと、あまり気乗りがしなかったのですが…。しかし、祈りを続け、アドバイスを求め続けていく中で、私は神様が確かに私のクルセードというミニストリーを終わらせようとされていることを感じました。絶対になくてはならない人というのはいません。福音の宣言を引き継がせるために、神様が他の人たち（フランクリンを含めて）を立ててくださることが私には分かっていました。結果的に、随分と祈った後で、二〇〇五年の大ニューヨーク・クルセードを私の最後のクルセードとすることに決めました。そして、そのクルセードが終わりに近づいたとき、私は正しい決断をしたという確かな平安が心の中にありました。

これでもう二度と説教をしないというわけではありませんでした。それから一年後、フランクリンが開催したバルティモア・フェスティバルの最後の夜、彼と共に説教壇に立ちました。これらのことを回顧している今も、インターネットを使って短いメッセージを語る可能性を考えています。（そのメッセージが、私たちのミニストリーの歴史において最も多くの聴衆に届くかもしれない、という人もいます。）以前からずっとしたいと思っていたいくつかのことをする時間もできました。例えば、若い伝道者と会って彼らのミニストリーを励ます、といったことです。時々アシュヴィル市のコーヴにある聖書訓練センターやシャーロット市にあるビリー・グラハム図書館を訪問することもできます。それと、時々、本や記事を書くといった、私の別なミニストリーを継続することもできています。しかし、伝道の最前線で働いている人たちからの報告を聞くことほど、私をわくわくさせるものは他にはありません。神様が他の人たちを通して行い続けておられるわざを見ると勇気づけられます。

人生の先輩として、私たちは他の人たちのために祈る責任があることを覚えておく必要があります。引退したからといって、棚の上にじっと収まっているべきではありません。私たちの人生におけるこの時間を、労働を終えて休息をするためだけでなく、重い荷を背負っている他の人たちを励ますために使うことが大切です。

引退とあなた

残された質問はこれです。あなたはご自分の引退をどのように決断しますか。引退を早くしすぎたあのご夫婦のようになるでしょうか。それとも、ビジネスを大きく成功させたけれど、引退とか後継者を雇うこととかを考えなかったために、結果的に九十三歳で亡くなったとき会社を大混乱させてしまった男性のようになるでしょうか。私からあなたに贈ることのできる最も大切なアドバイスは次のことです。あなたの引退について神様の御心を求めましょう。それはあなたの決断の中で最も重要なものの一つとなるかもしれません。そうであるなら、祈って神様の御心を求めようではありませんか。あなたやあなたのご家族にとって何が一番良いことかをご存知のお方の御手にゆだねつつ。

「でもどうやって引退に関する神様の御心を見つけたらよいのですか。どのようなしるしを探せばよいのですか」とお尋ねになるかもしれません。私に秘密の数式があるわけではありません。でもあなたを導くために神様が用いられるかもしれない三つのことをご提案いたしましょう。

自分の状況を考えてみましょう

あなたの身体が老化しているかもしれません。あるいは以前のようなスタミナがないことが分かるかもしれません。今は健康かもしれませんが、いつか恐らくそれは変化するでしょう。そのような時が来る前に、ずっとしたいと思っていたことがありますか。あるいは、仕事において恐らく将来直面するであろう課題に立ち向かえないかもしれないと感じているかもしれません。テクノロジーの変化といった課題などです。引退後のための貯蓄や健康保険も含めて、あなたの経済状況はいかがですか。最近、仕事に対する姿勢が変化したことはありませんか。例えば、以前は仕事が楽しく達成感があったけれど、今はそれが重荷になっているということはありませんか。このような質問に対するあなたの答えによって、引退を考えるべき時期が分かるかもしれません。

配偶者のことを考えてみましょう

この決断を自分だけで決めないようにしましょう。あなたが引退すれば、あなただけでなくあなたの配偶者にも影響を与えます。もしあなたの配偶者が今も働いていれば、あなたと同時期に引退しますか。もし引退しないとすれば、あなたの配偶者が働き続けている間、あなたは何をしますか。もし配偶者が働いていないとすれば、あなたが引退することによって、あなたがたの関係にどのような変化がもたらされるでしょうか。もし配偶者があなたの引退の決心に反対している場合、あるいは、あなたがなぜそのようなことを考えているのか理解できないと言う場合は、引退の計画を遅らせるのが最善かもしれません。

落とし穴があることを考えてみましょう

「仕事をしていた間、私はずっと気の合う人たちに囲まれて働いてきました」と、ある男性が私の友人の一人に語りました。「そして私は自分がそのチームの重要な一員だといつも思っていました。でも今では誰も電話をくれないし、自分が役立たずだと感じてしまいます。皆の顔を見るために何回か会社に立ち寄ってみたけれど、自分がまるで部外者みたいに感じましたよ」と。

孤独、目標の喪失、鬱、生き甲斐喪失の感覚、不安、将来への恐れ、これらの感情や他にもさまざまな感情が退職者によく見られます。残念なことに、新しい状況に対処できない人たちもいます。そして驚きではありますが、多くの退職者が退職したあと一年かそこらで病気になります。「死亡診断書には彼は脳卒中で亡くなったと書きました。医学的に言えばそういうことになります」と、ある医師が最近退職した患者について私に話してくれました。「でも彼は本当は悲嘆に暮れて亡くなったのだと思います。自分がもはや何の役にも立たない人間だと思い、生きていたくなかったのでしょう」と。

引退ということを考える時、このような落とし穴について気をつけてください。そして、今できることをすべてやって、引退がもたらすであろう必然的な変化に備えてください。神様はあなたが自信喪失して鬱的になってしまうことを望んではおられません。神様はあなたが自分の将来について賢くない選択をすることも望んではおられません。慎重にあらかじめ考えたり計画したりすることなしに引退しないようにしてください。神様の導きを確信することなしに引退することもしないでください。聖書には次のように書かれています。「賢い人は自分の歩みを見極める」（箴言一四・一五）と。

引退生活と感謝の心

私たちの前の幾世代もの人々には、今日私たちが享受している利便性がなかったことを忘れないようにしましょう。こういった利便性によって私たちは一生涯他の活動に多くの時間を割くことができています。ほとんどの人はもはや自らの食物を栽培したり、毎朝水汲みをしたり、友人と話をするために何マイルも行かなければならないということはありません。テクノロジーに歯がゆい思いをしないで、テクノロジーのお陰で神様の祝福に思いを集中させる時間をいただけていることに感謝しましょう。そして神様が与えてくださっているあらゆるものを考えると、暇を持て余すということはありません。また暇を持て余すべきではありません。「最後に」とパウロがピリピ人への手紙に書いています。「すべての真実なこと、すべて尊ぶべきこと、すべて正しいこと、すべて清いこと、すべて愛すべきこと、すべて評判の良いことに、…心を留めなさい」（ピリピ四・八）。

感謝しつつ御国に近づく

使徒パウロはこのすばらしい希望のみことばを牢獄にいる時にピリピにあった教会に書き送っています。彼の生活環境は酷いものでした。それでも彼はキリストにある同じ信仰者に手紙を書いて、彼らの信仰を励ましたのでした。パウロを捕えた者たちは彼を神に仕えることから「引退」させたと確かに思ったでしょうが、救い主に対するパウロの情熱はさらに拍車を掛けて、次のように言葉を綴っています。「ただ一つのこと、すなわち、うしろのものを忘れ、前のものに向かって身を伸ばし」（ピリピ三・一三）と。パウロは彼の人生の終わりに近づいていたけれど、彼は過去が彼の未来を妨げるようなことを許しませんでした。彼は前進して行ったのです。パウロが獄中から友人のピレモンに宛てた別の手紙では、自分のことを「年老いて…いるパウロ」（ピレモン九）と言及しています。けれども獄の中にいることも身体的な制限も、他の人たちに忍耐強く正しい行いを続けるように励ましたり刺激を与えたりすることを妨げることはできませんでした。

神ご自身が老人たちをお忘れになっていないというみことばは、私たちの心を感謝で満たしてくれるでしょう。あなたは身体的病気や、経済的制約や、老いの孤独などによって縛られていても、神様に用いていただきたいと願っておられますか。パウロは必要に迫られて、他の人々に手を指し伸ばしていきました。パウロが獄に監禁されていたことを考えつつ、次の彼の言葉が持つ影響力を考えてみてください。「私はあなたの愛によって多くの喜びと励ましを得ました。それは、兄弟よ、あなたによって聖徒たちが安心を得たからです」（ピレモン七）。あなたも「芳ばしい香りであって、神が喜んでくださる」（ピリピ四・一八）者になる可能性があるのです。

第三章　希望がもたらす力

彼らは年老いてもなお　実を実らせ　青々と生い茂ります。

（詩篇九二・一四）

人生を測るものはどれだけ長く生きたかではなく、どれだけ自分をささげたかによる。

（コリー・テン・ブーム）

「夜咲きサボテンのように最後に花を咲かせる。…それが老いというもの。」[1]この言葉はインドへ宣教師として行っていた、メリーランド州バルティモア市出身の故E・スタンレー・ジョーンズ博士によって書かれたものです。彼は身の回りの人たちすべてに深い印象を与えました。それは彼の驚くべき信仰と人びとに対する奉仕によるものです。彼の晩年において、その働きはフランクリン・D・ルーズベルトやマハトマ・ガンジーに認められました。八十七歳の時、脳卒中によって身体的能力が損なわれ言葉が不自由になったにもかかわらず、彼は最後の本「神の然り（キリストに明け渡した人生）」[2]を口述筆記させ、エルサレムにおける世界会議で車いすからスピーチを行い、その後まもなくして彼が愛してやまないインドで亡くなりました。

彼が話した夜咲きサボテン（花を咲かせるサボテン科の一種）とは夕暮れ時に花を咲かせ、砂漠を美しくするものです。この植物は人が食べるのに十分な大きさの果実を実らせると言う人もいます。ジョーンズ博士は人生の黄昏時《たそがれ》に花を咲かせ豊かな実を結ぶという意味を十分承知しておられました。彼がその歩みの中で手を差し伸べた多くの人々のことを考えて見てください。彼の人生の黄昏は永遠のいのちへの旅路にあって、有意義な人生を送った尊い証しです。老年期にある私たちも同じような歩みをしているでしょうか。私たちは他の人々に希望を与えるような果実を実らせているでしょうか。それとも、私たちは自分の境遇に愚痴をこぼし、豊かな人生を生きようと期待している人たちの気持ちを弱らせているのでしょうか。あるいは、私たちの態度を通して、若い人たちが老いという必然的なことを怖がるようになるのでしょうか。多くの老人は無意識の内に神様が若い人たちに対して抱いておられるご計画を損なっています。神様のご計画は私たちが神様への信頼の模範を示し、神様の変わることのない約束に望みを抱くことによって若い世代に影響を与えることです。イエス様は「わたしは決してあなたを見放さず、あなたを見捨てない」（ヘブル一三・五）と言われたのですから、私たちは満足しているべきです。

老人のための知恵

老いるに従って、私たちは他に征服するものがないと感じ易くなります。そのため、ある人たちはゴルフカートや揺り椅子に引きこもります。「もうすべて見たよ」と言う人がいます。「あそこに行ったことがある。あれもしたことがある」と自慢する人もいます。本当のところ、私たちは死ぬまで新しい経験をし続けるのです。妻のルースは亡くなる数日間で多くのことを経験したと断言することができます。彼女は神様が約束された平安を経験しました。老人には共通の経験があるかもしれませんが、個人によって事情は異なります。ある人たちは伴侶を失っています。子どもたちが親のことに無関心だという場合もあります。病弱な伴侶の世話をしている人もいます。ある人たちは一緒に老いています。ある人が言いました。「もしこれほど自分が長生きすると分かっていたら、もっと自分のことを大事にしていたものを」と。努力しなくてもやってくる唯一のものは老いです。

しかし、老人だからといって人生の目的を成就することから免除されているわけではありません。詩篇の作者は主が最も尊い使命を祝福してくださるようにと次のように祈りました。

年老いて　白髪頭になったとしても
神よ　私を捨てないでください。
私はなおも告げ知らせます。　あなたの力を世に。（詩篇七一・一八）

聖書全体を通して多くのお手本になる人々が見られます。旧約聖書の族長たちや預言者たちから、新約聖書のキリストの使徒たちや弟子たちに至るまで、後の世代に深い影響を与えた人々がいます。そして、今日に至るまで、その人々の言葉が生き続けています。

イスラエルが経済的に破綻を経験していた時代に、預言者ヨエルは次のように宣言しました。

長老たちよ、これを聞け。…
このようなことが、あなたがたの時代に、
また先祖たちの時代にあっただろうか。
これをあなたがたの子どもたちに伝え、
子どもたちはその子どもたちに、
その子どもたちは後の世代に伝えよ。(ヨエル一・二―三)

この預言者は、人生経験のある高齢世代に、似たような災難を通った過去を思い出させ、神様に立ち返った時、神様がどのように忠実に彼らを回復させたか気づかせようとしています。今日、私たちは経済危機が国民の生活に大打撃を与えているのを見ていますが、老人たちは若者たちを集めて同じような過去の経験から自分たちが学んだことをどれくらい教えているでしょうか。ある人たちは言います。「私たちの世代と若い世代とでは大きな隔たりがあります。若い人たちは私たちの問題は過ぎ去った過去のことであって、私たちが彼らに貢献できるものは何もないと考えています」と。私たちは無理やり私たちの言葉に人々の耳を傾けさせることはできません。しかし、私たちは正しいことを語ることはできるし、そうすべきです。そして、神様が知恵の言葉に対して人々の耳と思いと心を開いてくださるように祈るべきです。聖書は次のように宣言しています。

昔の日々を思い出し、
代々の年を思え。
あなたの父に問え。
彼はあなたに告げ知らせる。
長老たちに問え。
彼らはあなたに話す。（申命記三二・七）

聖書は、知恵を見出す人は幸福であり、「知恵の右の手には長寿があり」（箴言三・一三、一六）と語っています。これは何も老人たちにすべての答えがあるということではありません。私たちはすべての答えを持っていません。キリストを信じている者の責任は神様のみことばの知恵を宣べることです。

神様はすべての世代の者たちに、挫折と喜びを通して、あらゆる事柄の源である神様に目を向けるように教えてこられました。いかなる問題に対しても、世代間のギャップも含めて、最もすばらしい解決は神様のみことばに見出されます。なぜなら、神様のみことばが宣べ伝えられるとき、神様ご自身がみことばを祝福されるからです。聖書では若者たちが老人の前では敬意を払い、また神を敬うことが教えられています（レビ記一九・三二）。しかし、老人たちは主をそのように敬っているでしょうか。私たちは若い人たちの模範になっているでしょうか。

使徒パウロは老人として次のように記しています。「私は、私を強くしてくださる、私たちの主キリスト・イエスに感謝しています。キリストは私を忠実な者と認めて、この務めに任命してくださったからです」（1テモテ一・一二）。そしてテモテに次のように助言しました。「あなたは、年が若いからといって、だれにも軽く見られないようにしなさい。むしろ、ことば、態度、愛、信仰、純潔において信者の模範となりなさい。…そうすれば、あなたの進歩はすべての人に明らかになるでしょう。自分自身にも、教えることにも、よく気をつけなさい。働きをあくまでも続けなさい。そうすれば、自分自身と、あなたの教えを聞く人たちとを、救うことになるのです」（1テモテ四・一二、一五―一六）と。パウロは神様がこれらの知恵の言葉をこの若者に語るために授けてくださったと受け止めました。今日、多くの人たちがキリスト教を教えによって複雑なものにしてはいけないと力説しています。そして、若い人たちがこのような説を受け入れており、老人世代の多くは黙っています。私たちはパウロと同じように大胆に若い人たちに助言を与えるべきです。「子たちよ。父の訓戒に聞き従え。…私が良い教訓をあなたがたに授けるからだ」（箴言四・一―二）。

パウロはまた彼の霊的な息子に注意深い指示と共に次のように勧めました。年配の人たちの信仰に助言を与え、聖書の教えをしっかりと握りしめ、若い人たちにも老人たちにも聖書を教えるようにと。ここには一つの世代が別の世代に影響を与えている神様の真理のすばらしい姿が見られます。老人は若者から学ぶことができます。これは神様の知恵なのです。これが神様のマスタープランなのです。

この本を読んでおられるすべての人のための私の祈りはこれです。年齢に関係なく、あなたの回りの人々に影響を与えるようにと、神様があなたを励ましておられることを感じ取ってほしいのです。あなたが日々遭遇するあらゆる状況とあらゆる顔と声の中に、神様のご計画を見つけましょう。神様はあなたに無意味な時間を与えてはおられません。あなたの身の回りで何が起こっているのかが見えるために、主があなたの目を開いてくださるように祈って毎日心を整えましょう。あなたは孤独を感じているかもしれません。しかし多分、主はあなたの笑顔を用いて誰かをあなたの近くに導こうとしておられるのかもしれないのです。あなたは苦痛を味わっているかもしれません。けれども主はあなたの決断を用いて、生きる力を持ち合わせていない人を励ますかもしれないのです。神様に用いられるチャンスを拒むこともできます。あるいは、チャンスをつかんで神様のための証しとして他の人々に影響を与えることもできるのです。

苦痛：それは手段であって弁解ではない

この本を書いている時に、戦争捕虜として日本の捕虜収容所で二年半を過ごした第二次世界大戦の退役軍人である、ルイス・ザンペリーニ氏にお会いするすばらしい機会に恵まれました。九十四歳の時、彼はカルフォルニア州のご自宅からノースカロライナ州のシャーロット市に来てくださり、ビリー・グラハム図書館に快くお越しになってくださいました。数時間の間、彼は人々と握手をして、彼の生涯を書いた『Unbroken』（アンブロークン）[3]という本にサインをしてくださいました。翌日、車で二時間かけて私の家に来てくださり昼食を共にしました。以前お会いした時から随分と年月が経っていました。彼がどのように回心に至ったかという彼の経験を教えてもらうために私が尋ねた質問に、彼は忍耐強く答えてくださいました。

ルイスが一九四五年に救出されて英雄として故郷に迎えられた時、彼は短い間有名人であったことを喜びましたが、その後で試練が待っていました。人間的に言えば、彼には苦々しく、また世をすねた態度を取っても仕方のない理由がありました。しかし、彼の奥さまがロスアンゼルスで一九四九年に開催された私たちのクルセードに出席することを説得したのです。私たちはそこで伝道集会を開催して、六週間立て続けに福音を語りました。ルイスが二日目の晩に戻ってきた時、彼は招きがなされる時には早めに外へ抜け出そうと考えていたようですが、聖霊が彼の心を捕え、彼は通路を歩いて祈りの部屋に行き、罪を悔い改め、自らのいのちを主イエス・キリストに明け渡した、と語りました。「ビリー」と彼は話の中で私に言いました。「瞬間的に私の人生は永遠に変わってしまったのです。その晩以来、私は監禁の悪夢を見ることが一度もなくなりました。主は私を根底から変えてくださいました」と。

回心の後でルイスの人生に起きた事柄は感動的な話です。その後彼が何をしたか話してくれるように、私は彼から聞き出さなければなりませんでしたが、その時九十四歳だったルイスは神様が彼を用いてくださったことで神様を称えておられました。彼もまたあの夜咲きサボテンです。今もなお主に仕えて、自分の経験の果実を他の人々の人生に注ぎ込んでおられます。彼と同世代の人々もいれば、捕虜や救出の歴史的出来事という驚くべき話を公立学校の授業で聞く多くの子どもたちもいます。ルイスの証しと神様のみことばはあらゆる世代の人々に希望をもたらしています。「あなたは私の隠れ場、私の盾。私はあなたのみことばを待ち望みます」（詩篇一一九・一一四）と書かれている通りです。

ルイス・ザンペリーニのような方と話をする機会がすべての人にあることを願っています。彼は人々に感動とひらめきを与えてくれます。確かにだれもがルイスのような経験談を持っているわけではありません。それは喜ばしいことですが。戦争捕虜として監禁されていた時、彼は引退の年齢まで生きられるとは思っていませんでした。その時の残酷な扱いと栄養失調のために、彼は若くして老年期の試練を経験しました。彼の身体が壊れ始めたのです。二十八歳でそのような経験をする人はほとんどいません。

現在、身体の苦痛を経験している人は、自らの国に奉仕するために耐えがたい苦しみを耐え忍んだルイスのような人のことを考えてみてください。イエス・キリストに忠誠を尽くしたがために火あぶりになったり首を切られたりした使徒たちや初代のクリスチャンたちのことを考えてみてください。あの人たちがしたように、あなたの不快な状況を用いてイエス・キリストに人々の目を向けさせる方法を見つけましょう。そして、私たちを罪の呪縛から解き放つために、私たちの罪と恥をご自分の身に負うために来られた主イエスを思い出してください。私たちがどれほど豊かに祝福されているか、忍耐を必要としているどんな状況の中でも主イエスが私たちをどれほど慰めていてくださるかということを互いに思い出すのは、何とすばらしい特権でしょうか。ベッドに寝たきりの人もいれば車椅子の生活をしている人もいるでしょう。しかしそれでも私たちには大切な仕事があるのです。

私のミニストリーを暖かく支えてくださった方々からいただいた話をこの本の中に記録するだけの紙面がありません。六十年以上も支えてくださった方々もいます。主の働きのためにその方々が献身的に祈ってくださったことを思い起こす時、その方々から私はたくさんのことを学んできました。ある若い婦人はかつておっしゃいました。その方の祖母は身体が不自由になってからも亡くなるまで私たちのクルセードのために祈っていたと言うのです。私たちの名前をご自分の聖書の中に書いておられたのです。謙虚な気持ちにさせられます。同時に自らの至らなさを思い知らされます。このような忠実な聖徒からどのような教訓を学ぶべきでしょうか。祈りという魂の最も麗しい働きから引退するなどということが決してありませんように。

引退と二つの道

引退しているけれどなお健康な人々にとっては、奉仕のための多くの機会があります。私たちは主がご自身の計画を示してくださることを常に期待すべきです。引退しているからといって私たちの仕事が終わったわけではありません。主の御名によって人々に仕えるという、神様の仕事をするためにさらに多くの時間を費やすチャンスが引退を通して提供されているのです。

さまざまな理由で引退した人々のことを考えると、たくさんの人が思い出されます。その一人が私の友人のメル・チータム氏です。彼は世界でも最も尊敬されている脳神経外科医です。カルフォルニアで非常に多忙な開業医であったと同時に、カルフォルニア大学ロスアンゼルス校で脳神経外科の臨床学教授という名誉ある役職にもついていました。同僚たちからもとても尊敬され、新しい外科手術を開発し、さまざまな医学ジャーナルに幅広く投稿し、彼の専門領域における専門職協会の会長に抜擢されました。ところが、彼は仕事の絶頂期に身を引いて早期退職をしたのです。

「ほとんどの同僚たちの目からすると、私は完全に引退しています」と、彼は自らの地位から身を引いた数年後に私に告げました。「しかし、実際は今ほど忙しい時はありません。同僚たちが理解できないことは、神様は新しい形で私の経験を用いるために召してくださったと感じたために私が引退したということです。それを私はしてきました。そして、この数年間は私の人生で最もわくわくする時間でした」と。現在、彼は世界中を旅して、発展途上国の病院やクリニックで人々の医学的ニーズにより効果的に応えるにはどうすればよいか助言を与えているのです。また定期的に記事を書いて、自らの引退後の経験を用いて医師や医療従事者に、必要としている人々のためにボランティアを勧めています。彼の仕事の多くはサマリタンズ・パース（Samaritan's Purse）という団体を通してなされています。

また別な人について私が以前聞いた話は全然異なっています。すばらしい成功の履歴を持つ明敏なビジネスマンであったその人は、五十代前半の時落ち目になっていた大会社の重役として雇われました。数年で彼はその会社の業績を改善し、経営を立て直しただけでなく、海外にまで事業を拡張させていきました。重役としての彼の成功物語はビジネスジャーナルにしばしば取り上げられました。経営に関する彼の助言は企業グループや政府機関から熱心に求められました。会社の規約に則って彼は六十八歳で引退しました。新しい社長の顧問としてしばらくとどまりましたが、それ以外は会社のことにはもはや関わらなくなりました。

「私は引退の心積もりがまったくできていませんでした」と彼は後に告白しました。「あまりに忙しくて、たまにゴルフをする以外はこれといった趣味などにかまう時間がありませんでした。どっちにしてもゴルフさえいつも仕事関連でしたから。会社が私の人生だったのです。でもオフィスから最後に立ち去った後は、だれも電話をくれませんでした。私どもは転居して、一年間ほどドリームハウスを建てるために忙しくしました。でも家ができた後は、何をしたらよいのか分かりませんでした。今ではほとんど毎日ゴルフをしています。別にゴルフが好きだからというわけではないのですが、他に何もすることがないからです。妻は私が鬱状態になっていると言います。でも私がどれくらい生き甲斐喪失になっているか彼女には分かっていません。引退生活は大嫌いです」と。

もちろんあなたは高い技術を持つ脳神経外科医でもなければ、大企業の重役でもないかもしれません。そのような人はごくわずかです。しかし、この二人の人の違いは引退後の生活について学ぶべき重要な教訓を示してくれています。引退生活のために準備するのは、引退前だということです。しかし、それ以上に重要な教訓があります。私たちがどのような人間であろうと、引退は私たちに二つの選択を突き付けます。引退生活を自分の楽しみのために使うか、それとも他の人々の人生に影響を与えるために用いるかのどちらかです。別な言葉で言うなら、私たちが直面している選択は、虚しい気ままな生活か、それとも有意義な活動かのどちらかということです。

私が上に描いた引退した会社の重役のことを考えてみましょう。彼の地域にある少なくとも十くらいのNPOの慈善団体が、より影響力のある団体となるために彼のビジネスの専門知識を用いることができたのではなかったかと確信します。そういった団体は彼のような人をボランティアとして喜んで受け入れたことでしょう。しかし、彼はそのようなことを全くしませんでした。

目標を定める

それでは引退した年月の間、リラックスして人生を楽しむことは間違っているという意味なのでしょうか。いいえ、全くそうではありません。人生を楽しむことが間違っているのなら、神様が与えてくださる良いものを私たちが楽しむことを神様は望んでおられない、ということになります。そんなことはありません。「伝道者の書」の著者は、「人は長い年月を生きるなら、ずっと楽しむがよい」(伝道者の書一一・八)と言っています。使徒パウロは子どもが両親を尊ぶようにという旧約聖書の教えを引用して、「そうすれば、あなたは幸せになり、その土地であなたの日々は長く続く」(エペソ六・三)と言っています。神様は私たちが休息と運動と気晴らしを必要としていることをご存知です。過酷な奉仕の働きの後で、イエス様は弟子たちに、「さあ、あなたがただけで、寂しいところへ行って、しばらく休みなさい」(マルコ六・三一)と勧められました。

けれども、もし私たちのすることが楽しむことだけであれば、もし引退後の生活の唯一の目標が人生をできるだけ楽しむということであれば、私たちは虚しい意味のない活動という落とし穴に落ちているのかもしれません。それだけではありません。私たちは聖書の最も重要な教えを忘れているのかもしれません。つまり、一日一日は例外なく神様からの贈り物であり、神様の栄光のために用いるようにと私たちに託されたものだ、という教えです。これは仕事をしている時も、引退している時も同じように当てはまります。

鍵を見つける

それでは実りのある引退生活のカギは何でしょうか。自らの引退生活を神様からの贈り物として見ることです。あなたが長く生きたから引退生活をするようになったのではありません。一生懸命に働いた報酬というのでもありません。引退生活は神様からの贈り物なのです。このことを理解すれば、あなたは引退生活を見る目が変わることでしょう。

引退生活の期間の長短に関わらず、神様がそのような年月を私たちに与えてくださったのは、私たちが神様のみ心を行うためです。パウロの次の教えはすべての信仰者に当てはまります。「キリストはすべての人のために死なれました。それは、生きている人々が、もはや自分のためにではなく、自分のために死んでよみがえった方のために生きるためです」（2コリント五・一五）。しかし、別の意味では、神様のみ心は一人一人固有のものです。あなたの引退生活に対する神様のご計画は他の人のためのご計画と同じものではありません。思い出してください。神様はあなたのことをすべてご存知です。神様はあなたに何ができて何ができないかをご存知です。神様はあなたの賜物と才能をご存知です。もともと、それらは神様から与えられたものです。神様はあなたが神様にご奉仕するためにどのような機会を持っているかもご存知です。さらには、神様はあなたの人生の今の段階で、あなたの必要と限界もご存知です。そして、神様はあなたがそういったことに対処するのを助けたいと願っておられるのです。

ですから、私たちが考えるべき質問は次の事柄です。私たちは引退生活のために神様のご計画を求めているでしょうか。それとも自分のお役目は終わったと考えて、人生からできるだけの楽しみを絞り出すようにして残りの人生を費やしつつ、目的もなく漂うのでしょうか。もちろん私たちに対する神様のご計画は時の経過と環境の変化に伴って変わることもあります。しかし、人生の道をどのくらい辿ったとしても、私たちの絶えざる目標は未来に対して神様の導きを求めることです。思い出してください。神様の道はいつも、いつも最善なのです。

ある方々は引退を考慮している最中かもしれません。ある方々は引退して数年が経っているかもしれません。どのような状況であっても、あなたの将来のために神様のみ旨を求めましょう。引退生活について祈りましょう。他の人々から知恵をいただきましょう。神様のみ言葉から導きを探しましょう。そして、神様があなたを導いてくださることを信頼しましょう。あなたの引退生活に対する神様のみ旨は、あなたが予想していたこととあまり変わらないかもしれません。あるいは、予期していなかった新しい方向へあなたを導くかもしれません。どのような結果になろうとも、あなたの引退の年月において神様のみ旨を最優先させましょう。そうすれば、あなたが自らの人生を振り返る時、ダビデ王と共に、「測り綱は、私の好む所に落ちた。まことに、私への、すばらしいゆずりの地だ」（詩篇一六・六）と言うことができることでしょう。

想定外のことを耐え忍ぶ

「一つの戸が閉められると、別な戸が開けられる」ということわざを聞いたことがありますか。このことわざには多くの真理が含まれています。ビリー・グラハム伝道協会にはラピッド・リスポンス・チーム（Rapid Response Team）という名称のチャプレン制度があります。私たちの伝道協会はそれまでも世界中のクリスチャンのチャプレンと共に働いてきましたが、9・11の後で痛切にそのニーズが高まりました。息子のフランクリンがニューヨークに飛び、サマリタンズ・パースでどのような支援ができるか調べました。フランクリンが見極めたところ、最も必要とされているのはチャプレンでありました。すさまじい襲撃によって打撃を受けた人々はツインタワーがあった周辺の通りをさまよっていました。すすり泣く者、放心状態で空を仰ぐ者、行方不明の家族や友人の名前や写真の入った張り紙を手にしてあてどもなく歩く者。この人々すべてに共通していることがありました。それは皆途方に暮れた表情であったということです。

グラウンドゼロは容易に近づくことのできる場所ではありませんでした。しかし、フランクリンは牧師や神学生たちに電話を掛けて霊的な支援をするために来てくれるように頼み始めました。そのような働きのためにスキルや共感を持っている人々からの反響に私たちは圧倒されました。フランクリンは国内外を問わず大災害が起きた地域へ直ちに進んで出かける気持ちのある大勢のチャプレンを集め訓練するという幻を持っていました。現在ではこれらのチャプレンの多くは退職者です。困っている人々に手を差し伸べて、聖書を開き、絶望的な時であっても希望があるということを分かち合う人々です。この働きを通して魂が救われました。また、すでに信仰者となっている人々はこれらのチャプレンたちと祈りを共にすることによって励まされ、神様から来る慰めを受けてきました。

生涯を通じて建設作業員であった一人の男性は次のように語りました。「腰痛のために引退せざるを得なくなった時、自分の人生は終わったと思いました。ところが、私よりも深刻な問題を持つ人々の所へ行ってその人々と共に祈ることを通して、何か私にもお手伝いができる道があろうとは夢にも考えたことがありませんでした。破壊的な竜巻によってがれきとなった場所を歩く時、私は建設現場のがれきを片付けていた年月を思い出します。今では神様のみことばからの視点を差し上げることによって誰かの心に平安をもたらすお手伝いができます。今ほど人生が充実している時はありません」

と。

最近はボランティアの奉仕がごく普通になってきました。会社によっては従業員が年に何時間かボランティア団体のためにささげるように義務付けている所さえあります。しかし、ただ要件を満たすというのではなく、本当に誰かのために役に立ちたいという気持ちから行う方がすぐれています。

サマリタンズ・パースはこの領域ですばらしい先例となっており、さまざまな職業や社会的地位の背景を持つ多くの人々にボランティアの機会を提供しています。第三世界で働いている医療宣教師のお手伝いをするために潤沢な利益をもたらす臨床を数週間離れる医師たちの感動的なストーリーがあります。オペレーション・クリスマス・チャイルド（Operation Christmas Child）を通じて何千人もの人々が毎年子どもたちにシューボックスギフト（靴箱を利用して贈り物をする奉仕）を届けるためにボランティアをしています。退職している一組の夫婦は十一月と十二月はノースカロライナに来て、ボックスを海外に発送する準備をするために倉庫で働くことを決心されました。この方々は中西部から運転してきて、毎晩自分たちのキャンピングカーに寝泊まりして、翌日の働きのために備えてくださいます。「神様が私たちに力を与えてくださる限り、私たちはこのようにして日々を過ごしたいのです。計り知れないほどの祝福をいただいています」とこの方々はおっしゃっています。

引退生活の年月を利用して聖書についてさらに学ぼうとする退職者もいます。高齢の婦人がコーブ（ビリー・グラハムが創設した聖書訓練センター）で聖書の学びに参加して、「私は主イエスについて他の人々にお話をする備えができていると思ったことは一度もありません。けれども、同じように感じている人々と出会う機会が与えられ、聖書によって励まされることによって、他の方々にも教える勇気が湧いてきました。もし退職していなかったら、このような機会を決して探していなかったことでしょう」と話されました。

あなたも時間と才能の使い方が移行する時期に、何ができるか主イエスに示していただくために祈ることをお勧めします。人々にキリストを指し示す地元の教会や他のミニストリーに参加してみましょう。あなた自身の信仰がさらに成長するために、このようなことがあなたを大きく引き伸ばし、チャレンジを与えてくれることでしょう。ペテロが彼の人生の終わり近くで書いたことを心に留めてください。「私たちの主であり、救い主であるイエス・キリストの恵みと知識において成長しなさい」(2ペテロ三・一八)。そうすることによってあなたは他の人々があなたと同じことをする助けとなるのです。

何をするにしても、あなたの心身を忙しくさせておきましょう。怠惰や退屈があなたの魂の中で根を張る機会を与えないようにしましょう。悪魔は時間を無駄に過ごしている人や退屈している人を好んでいます。そういったことが誘惑や失望につながることを悪魔は知っているのです。しかし、意味のある活動で忙しくしている人は、はるかに悪魔に攻撃されにくいのです。「悪魔に機会を与えないようにしなさい」（エペソ四・二七）という聖書の戒めを思い出してください。

少ない選択肢に対処する

しかしながら次のように思っている方もおられるかもしれません。「あなたがおっしゃっていることは他の人々に当てはまるかもしれません。しかし、私には選択肢がありません。目の前の問題に対処することで精一杯です。しかも状況は悪くなる一方なのです」と。私たちには未来のことは分かりません。しかし神様はご存知です。そのためにイエス様は私たちが未来に対する恐れで動けなくなるのではなく、人生を神様の御手に委ねることを勧められました。「あなたがたのうちだれが、心配したからといって、少しでもいのちを延ばすことができるでしょうか。…まず神の国と神の義を求めなさい。そうすれば、これらのものはすべて、それに加えて与えられます」（マタイ六・二七、三三）。

私はしばしば私の義父であるL・ネルソン・ベル医師のことを思い出します。彼とその妻であるバージニアは医療宣教師として二十五年間、中国の人々に仕えました（私の妻ルースはそこで生まれ育ちました）。彼は私が知る限りで最も多忙な人でした。同時に最も献身的な人でもありました。ベル医師について強く印象に残っている記憶は、彼の妻が身体を衰弱させる一連の脳卒中を患った後で、彼がいかに彼女の世話をしたかということです。彼女は車椅子生活を余儀なくされ、ほとんど二十四時間のケアを必要とするようになりました。ベル医師にとって彼女を自宅から養護施設に移すことは理にかなったことだったでしょうが、彼はそうしませんでした。その代わり彼は外での仕事のほとんど全てをやめて、彼の愛するバージニアの世話をするために自分をささげたのです。誰かが彼の決断について尋ねたとき、彼はただ、「これは私の使命です」と答えたのでした。

あなたもいつか、以前していたことや、したいと願っていたことができなくなる時が来るかもしれません。そんな時、後ろめたさを感じたり、不満を感じたり、腹を立てたりする代わりに、今でも何かできていることを神様に感謝しましょう。そして、それを忠実にしっかりと行うことを目標にしましょう。あなたの時間とあなたのすべてをイエス・キリストにささげ、どのようなことが起ころうともキリストの御旨を行うことを求めましょう。

希望をもって御国に近づく

このような指針はイエス様がご昇天される少し前にペテロに説明されていたことです。ペテロと主イエスとの会話は福音書の中で最も単刀直入で、しかも思いやりのある言葉のやりとりです。イエス様はペテロに尋ねられました。「あなたはわたしを愛していますか。」ペテロは答えました。「はい、主よ。私があなたを愛していることは、あなたがご存知です」と。イエスは彼に言われました。「わたしの羊を飼いなさい。…まことに、まことにあなたに言います。あなたは若いときには、自分で帯をして、自分の望むところを歩きました。しかし年をとると、あなたは両手を伸ばし、ほかの人があなたに帯をして、望まないところに連れていきます」（ヨハネ二一・一六―一八）と。

イエス様は約四十年後に起こるであろうペテロの死を予言しておられたのです。ペテロはこの時の会話を思い起こしながら次のことばを記しました。「それを思い起こさせて、あなたがたを奮い立せることを、私は地上の幕屋にいるかぎり、なすべきだと思っています。私たちの主イエス・キリストが示してくださったように、私はこの幕屋を間もなく脱ぎ捨てることを知っています。ですから、ぜひとも、私が去った後いつでも、あなたがたがこれらのことを思い起こせるようにしておきたいのです」（2ペテロ一・一三―一五）と。

残忍な死を前にして、キリストのこの年老いた忠実な信奉者ペテロはキリストが命じられたことを行っていたのです。つまり、他者を顧みるということです。地上での生を離れる備えをしている間、ペテロは自分が去った後も末長く人々が覚えておくべきことが何かを思い出させることを翻すことはありませんでした。「これらのこと」とは何でしょうか。ペテロはそれを人々に告げたばかりでした。「だからこそ、あなたがたはあらゆる熱意を傾けて、信仰には徳を、徳には知識を、知識には自制を、自制には忍耐を、忍耐には敬虔を、敬虔には兄弟愛を、兄弟愛には愛を加えなさい。これらがあなたがたに備わり、ますます豊かになるなら、私たちの主イエス・キリストを知る点で、あなたがたが役に立たない者とか実を結ばない者になることはありません」（2ペテロ一・五―八）と。

ペテロは自己憐憫にふけることなく、「私たちの主イエス・キリストを知る」ことに集中したのです。このみことばはペテロの手紙第一と第二の中で何度も繰り返されている表現です。

あなたは今もなお現役のシニアかもしれませんあるいはあちこちの痛みで、寝たきりになっているかもしれません。いずれにしてもあなたはペテロがそうであったように、あなたの思いをイエス・キリストを知る知識で満たし、イエス・キリストの実を結ぶしもべとなって、あなたの回りにいる人々に希望を与えることができるのです。「私たちは、神の約束にしたがって、…新しい天…を待ち望んでいます。ですから、愛する者たち。…私たちの主であり、救い主であるイエス・キリストの恵みと知識において成長しなさい」(2ペテロ三・一三、一四、一八)。

第四章　人生の黄金期を考える

見なさい。私は年老いて、いつ死ぬか分からない。

（創世記二七・二）

黄金期のための計画を立てよう。その時を迎えるかもしれないのだから。

（作者不明）

「黄金期」（golden years）という言葉はきっと若者によって造られたのでしょう。七十歳を超えている人がそのような象徴的な言葉で人生のこの段階を表現するとは思えません。たぶん慈悲深い人が現実の痛みを和らげるために、old（老い）という言葉の前にgを親切心からはめ込んだのでしょう。やはりゴールド（金）を考えると華麗ではあるが錯覚を起こさせるような多くのことを連想させられます。「ゴールドに投資しよう」というのは今日テレビでよく見られる宣伝です。「黄金律」というのは多くの人が勧めはしますが実践する人が少ないものです。一方でそれを実際に行なう人は、「沈黙は金なり」ということをも信じています。

ではなぜ老年期を黄金期だと考えるのでしょうか。恐らく結婚五十年の金婚式を幸せにも迎える夫婦は大抵七十歳を過ぎているからでしょう。私はルースと共に一九九三年に金婚式のお祝いをしたことを思い出します。彼女はいまだに若い花嫁の時に作ったウェディングドレスを着ることができたことを随分誇りに思っていました。私はいまだに彼女の横に立っていられたことを誇りに思っていました。

聖書の中で最初に金というものが述べられているのはエデンを囲む土地の描写の中です(創世記二・一一―一二)。聖書では金属の中で金が最も頻繁に述べられていて、神様は、金は「わたしのもの」(ハガイ二・八)と語っておられます。金は高価な物でしたが、ふんだんに使われていました。杯や王冠、盾や鈴、器や柄杓、祭壇や玉座、ドアのちょうつがいや通りに至るまで。極上の金、貴重な金、上質の金、純粋な金、金の糸、金の重さ、金の通貨、混じりけのない金、金粉、金のケルビム、金のねずみという言葉さえ(1サムエル六・一八)聖書の中に出てきます。しかし金は聖なる目的のためだけに用いられたのではありませんでした。人間は貴重な金を溶かして自分たちの好みに合う偶像や神々を造ったりもしました。彼らは愚かにも神よりも金を価値あるものと見なしたのです。

聖書の教えによると、知恵や知識、良い評判や信仰の方が金よりも価値があると言っています。

知恵であるわたしは賢さを住まいとする。
そこには知識と思慮がある。

摂理と知性はわたしのもの。
わたしは英知であり、わたしには力がある。
わたしを熱心に捜す者は、わたしを見出す。
富と誉はわたしとともにある。
朽ちない財宝も義も。
わたしの果実は黄金よりも、純金よりも良く（箴言八・一二、一四、一七―一九）

この個所で分かることは、主が知恵や知識、良い評判や信仰の方に高い価値を置いておられるということです。これらは神様の多くのご性質のほんの一部です。そして、主のために生きる人々に主はそれらを授けてくださいます。「どんな喜びも、これ（知恵）とは比べられないからだ」（箴言八・一一）。箴言一六・一六では「知恵を得ることは、黄金を得るよりはるかに良い」と告げられています。「金があり、多くの真珠があっても、知識の唇こそ宝の器」（箴言二〇・一五）。

名声は多くの富より望ましく、
愛顧を受けることは銀や金にまさる。
富む者と貧しい者が出会う。

どちらもみな、造られたのは主である。（箴言二二・一―二）

「信仰は…金よりも高価であり…」（1ペテロ一・七）

将来のための計画

「こういったことが老年期のための計画と何の関係があるのですか」と疑問に思われる方がいるかもしれません。それは、人生の働き盛りで私たちが価値を置いているものが人生の黄昏期にまでついてくるということです。もし賢く主イエス・キリストを信頼することに価値を置くなら、そのことが私たちの老いて行く時に力を与えてくれます。もし私たちが家族を大切にして愛と理解を与えるなら、きっと家族との絆は続き、そこから祝福を得ることでしょう。私たちが他者を自分のごとく愛せよ、という黄金律を実践するなら、私たちは神様を喜ばせることになります。

二〇〇八年に景気が悪化する少し前、成功していた四十代の一人のビジネスマンが誇らしげに株で大枚数百万ドルを稼いだと公表しました。「夢が実現するのを見るとわくわくします」と彼は言いました。しかし後に、彼の妻は彼と別れ、十代の息子は潤沢な小遣いでアルコールやドラッグを買い、ついに刑務所に入れられたことが報道されました。多くの人は賢くビジネスに関することに投資しますが、最も大切な財産、つまり妻や子どもたちに時間と関心を注ごうとしません。

これはもちろん多くの立派な仕事をしている人たちに当てはまりません。しかし、このストーリーは訓戒的なものとして役立ちます。人生のあらゆるステージで考えるべきことがたくさんあります。私たちは若い人たちに将来のための計画を立てることを教え、学校でよく勉強して、チャンスを生かして成人するためのしっかりとした土台を築くように促します。親たちは子どもたちの大学教育の学費のために懸命に働きます。夫婦は将来の引退生活のために賢い投資をしようとします。今日ではシニア世代でさえも老後のための新しい道を切り開こうとしています。黄金期に生きる人々のための黄金律は近年大きく変わってきたからです。

株式市場の下落によって、皆の虎の子の貯えが重要な価値を持たなくなってきました。退職間際の人々は年金や退職金制度、そして投資信託の信頼性を考え直し、多くの場合、突然方向性を変えなくてはならなくなりました。それでも引退生活のための計画や死の準備は大きなビジネスとなりました。そして想定できる全てについて責任をもって取り組むことは大切な知恵です。

創世記二七章にイスラエルの父祖イサクが自らの死の準備をしている場面があります。彼は終わりが近いと思い、当時の慣習に従って長男のエサウに財産の大半を与えようと考えていました。ところが残念なことに彼の計画は二つのことによって阻まれました。彼の妻ともう一人の息子ヤコブのずる賢さと、イサクの身体的機能の衰えです。彼は意図に反してヤコブを祝福してしまい、正当な権利を持つ相続人が財産を受け取れなくなったのでした。この個所で興味深いことは、イサクの関心は本当のところ二人の息子たちに彼の死の準備をさせることであったことです。しかしそれがうまくいきませんでした。この聖書の記述から学ぶことはたくさんありますが、その一つは、イサクがあまりにも年老いてしまったために彼の最後の願いが正しく実行されることを確保できなかったということです。そしてこのことが家族間に葛藤をもたらす結果になりました。

死ぬことを考えたり、その準備をしたりすることを好む人はいませんが、聖書はこういった事柄を強調しています。最近のことですが、ある医師が人気のあるラジオのトーク番組で死と経済的準備についてインタビューを受けていました。彼女はびっくりするようなことを言いました。「私たちは死というものを経験するようにはできていないのです。死は醜いものです」と言ったのです。私は彼女に次の聖書のみことばを指示したいと思います。「死は勝利に飲み込まれた」(1コリント一五・五四)というみことばです。

聖書は死や死ぬことについてたびたび言及しています。約千回もの言及があります。それでも聖書はすばらしい希望の書であり続けています。人生は二つのブックエンドに挟まれています。誕生と死です。教会の携挙(1テサロニケ四・一七)を除いて、すべて誕生した者には死が伴います。すべての人が老いを経験するとは限りません。しかし死はすべての人にやってきます。信仰者にとっては、希望と慰めは神のみことばにあります。「主にあって死ぬ死者は幸いである」(黙示録一四・一三)と書かれている通りです。

子どもが生まれる時、親には子どもが「いのち」を持つためにできることは何もありません。子どもにはすでにその中にいのちの息が流れているからです。親が準備すべきことはいのちの経験です。失望や喜び、敗北や勝利、死や永遠のいのちです。子どもたちが人生の四季や死後のいのちの希望について理解することを願わないクリスチャンの親がいるでしょうか。

農家に生まれた少年として、私は最も幼い日の記憶の中にもこの四季に触れていました。家畜が死んだ時にもさまざまなことを学びました。人間の魂であればなおさらのこと大切ではありませんか。今日の多くの親たちはどんなものでも悲しみをもたらすものから子どもたちを守ろうとします。このようなことは子どもの成長を妨げる場合があります。そして、感情的なトラウマをもたらす原因にもなります。これら過保護に育てられた子どもたちは必然的なものに触れていないために、大人になるとそういったことにどう対処していいか分からなくなるのです。昨年、私の飼っていたゴールデンリトリーバーのサムが亡くなりました。その時、私の子どもたちが昔ペットが死んだ時にお葬式をしていたことを思い出しました。愛するペットのためにも、死というものに対して敬意を払っていることを見て心が打たれました。

人生は不確実です。私たちには未来のことが分かりません。聖書は次のように警告しています。「あなたがたには、明日のことは分かりません。あなたがたのいのちとは、どのようなものでしょうか。

あなたがたは、しばらくの間現われて、それで消えてしまう霧のようなものです。…こういうわけで、なすべき良いことを知っていながら行わないなら、それはその人にとって罪です」(ヤコブ四・一四、一七)と。死というものは否定できない現実ですから、私たちは皆人生の晩年のために入念に備えるべきです。この手のものは深刻です。重苦しい心を引き上げ、悲嘆に暮れた涙で一杯の目に輝きをもたらすことのできる人を尊敬しますが、このような重要な出来事を軽く扱うことには少しもユーモアを見出すことができません。

私たちの団体を支援してくれているある家族が自分たちの高齢のお姉さんについて語ってくれました。彼女は健康を損ないつつありました。彼女には伴侶も子どももいませんでした。そこで彼女の兄弟たちがその最晩年のお世話を心を込めてしておりました。彼らは彼女を説得して、葬儀社に会うために一緒に行くことにしました。葬儀社の方はたくさんの葬儀の種類を示して、「どれがお好みでしょうか」と尋ねました。兄弟たちは姉の方を向いて、「どれが姉さんの好みかな?」と訊きました。するとお姉さんは表情を変えることなく、「万が一の時は、サプライズをちょうだい」と言ったのです。それでその会合は片付きました。皆明るい心で家路に着き、葬儀の計画は完了したのでした。

これとは対照的に、ある弁護士は自分が常日頃、人に教えていることを実践しませんでした。彼は七十代前半に心臓発作で突然亡くなりました。何十年もの間、地元の人々は彼を頼って法律相談をしてもらっていました。資産の譲渡、近隣住民とのもめ事、家庭争議、遺言書、不動産など、法律家が扱うために頻繁に求められる法律関連の全領域の相談を受けておりました。彼のクライアントたちは法律知識だけでなく、具体的な知恵や常識においても彼に信頼を置いていました。彼が仕事を縮小して人に任せるために若いパートナーを雇い入れても、人々は彼に助言を求めたのでした。何百人もの人が彼の葬儀に参列しました。そして、彼が長い間手助けした人々からカードや手紙をいただいて彼の家族は圧倒されました。地元の新聞社は地域への彼の貢献を称えて社説を記載し、彼の死を悼みました。

葬儀の後しばらくして、彼の家族は自分たちを動揺させるというか、ショッキングなことを発見しました。彼は自らの遺産について十分な計画を準備するに至らなかったのです。彼は家族の誰にも自分の財政事情について知らせていませんでした。不動産や株券などを彼が所有していたのかいなかったのか、貸金庫を持っていたのかどうかさえ分からなかったのです。ときどき彼は自分の遺産の幾分かを教会やいくつかの地元の慈善団体に譲りたいという気持ちや、未亡人となっていた妹を支援したいということを口にしたことはあったけれども、結局そういった口頭による願望は一つも成就しませんでした。彼の諸事を整理するのに多くの月日（と多額の費用）がかかりましたが、もし彼が多くの人々に長年の間、助言を与えていたことを自分自身がしていたなら、こういったすべてのことを避けることができていたことでしょう。遺産に関する総合的計画を準備するということです。どうして彼がそういったことをするに至らなかったのか、どうして彼の財政状況を家族に理解させることを助けようとしなかったのか、それは誰にも分かりません。恐らく多くの人と同じように、彼は老いつつあったということと、いつか自分も死ぬのだという事実に直視できなかったのではないでしょうか。

遺言書を作成するとか、その他の多くの具体的な問題であろうと、年を重ねるということは多くのチャレンジに直面するということです。もし私たちがこのように必要な詳細事項を片付けなければ、他の人たちが介入してきて、残される家族に大変な苦労をもたらす可能性があります。私たちが亡くなった後も長い間個人的に影響をもたらす事柄を片付ける責任を引き受けることは、私たちの義務です。

もちろんすべての決定を前もってすることができるわけではありません。具体的な事柄によっては、それが起きる時にしか対処できないものもあります。例えば配偶者が腰の骨を折るとか、退職後のための貯蓄が株式市場の破綻によって縮小するとかといったことを、誰も想定することはできません。そのような状況に対処するための計画を前もって正確に立てるということはなおのこと難しいことです。しかし、前もって決めることのできる課題もあります。そのような場合は、行動に移す必要があります。神様は私たちが去った後に恨みやいさかいや混乱を残すことを望んではおられません。けれども、もし私たちが年を重ねるごとに被さってくる具体的な課題をなおざりにすれば、こういったことは簡単に起きてしまいます。「賢い人は自分の歩みを見極める」(箴言一四・一五)というみことばや、「すべてのことを適切に、秩序正しく行いなさい」(1コリント一四・四〇)といったみことばを思い出しましょう。

年がいけばいくほど、私たちが直面する繊細な事柄や重要な決断に対処することが一層難しくなります。人生のそのような段階では、こういった事柄を整理することがあまりにも重荷となったり複雑すぎたりするからです。あるいは、他の人々との間でいさかいや葛藤が起きるのをできるだけ避けたくなるのかもしれません。こういった事柄は必然的な時の経過について厄介な考えを引き起こしたり、年を重ねるにつれて、健全な決断をする能力が自分にはないと考えざるをえなくなったりもします。こういったことに加えて、予期しなかった病気から来るストレスとか、配偶者の死とか、他の難局とかにあまりにも心を奪われて、上記のような課題に気持ちを集中させることができなくなる場合もあります。医師たちの話によると、多くの高齢者は鬱病とも闘っていて、鬱病に罹っている人の共通した特徴は、意志決定ができないということです。試練の日々には、重要ないくつかの事柄を考えている間、専門家の助言を求めることをお勧めいたします。あなたがこういった事柄を読まれる時、心に励ましを受けて、上記のような事柄をやり通されることを願っています。あなたとあなたが愛する人々のために。

お金に関する事柄を習得する

最近ある法律家が私の友人の一人に言いました。「人生の最後まで十分お金がもつかといった、お金にまつわることで悩んでいない老人にはお目にかかったことがない。悩む理由を持たない人でも悩んでいる」と。

私たちの社会はあまりにもお金に重きを置いています。このことは経済的な成果が人生におけるその人の成功を測る主なものだということになります。しかしこれは間違った価値基準です。私たちはお金がすべてだと考える罠に陥らないように気をつける必要があります。イエス様は次のように警告しておられます。「どんなしもべも二人の主人に仕えることはできません。一方を憎んで他方を愛することになるか、一方を重んじて他方を軽んじることになります。あなたがたは、神と富とに仕えることはできません」（ルカ一六・一三）。パウロは後年、彼の弟子に次のように助言しました。「金持ちになりたがる人たちは、誘惑と罠と、また人を滅びと破滅に沈める、愚かで有害な多くの欲望に陥ります。金銭を愛することが、あらゆる悪の根だからです」（1テモテ六・九―一〇）。

ということは、お金について考えたり、晩年のために注意深く経済的計画を立てたりすることが間違っているということでしょうか。もちろんそういうことではありません。ただお金が決してあなたの主人ではなく、あなたはしもべとならないように気をつけるということです。お金があなたを支配していますか、それとも、あなたがお金を支配していますか。財源という意味であなたがどれくらい持っていようがいまいが、それらは神様があなたに授けられたものです。ですから、神様はあなたがそれらの忠実な管理者であることを願っておられるのです。お金をあなたが好きなように自由に使っても(あるいは乱費しても)いいわけではなく、神様から授けられた責任として見るようにしましょう。

このことは私たちが引退生活を始めるに当たって、特に重要になってきます。というのは、私たちの収入は恐らくそれまでよりも少なく（あるいはかなり少なく）なるからです。ある方がおっしゃいました。「私たちは予算を立てるなんてことをしたことがありません。妻も私も収入の良い仕事をしていましたから、私たちがしたい大抵のことはするだけの余裕がありました。しかし突然、もはやそうではなくなったのだ、ということに気がつきました。私の人生で初めて細かく節約する必要が出てきました。もっと早くから、そうすれば良かったのですが…」と。

一人の退職者が次のように記しています。「引退生活の問題の一つは、引退生活の問題について本を読む時間がありすぎるということです」と。これはユーモラスなことですが、本当でもあります。ですから問題について本を読む代わりに、問題を解決するために適切な対応を取ることです。

シニア時代を見据えて、私たちはお金についてどのようなガイドラインに従えばよいのでしょうか。どのような問題について熟慮するべきでしょうか。また、問題が生じる前にどのような意思決定をしておくべきでしょうか。三つの一般的なガイドラインを提案いたしましょう。

引退生活のための現実的な計画を立てる

快適な引退生活を過ごすために、どれくらいのお金が必要か計算する手助けをしてくれるホームページや他の情報が数限りなくあります。しかし、これをする人はほとんどいません。そのため貯えが少ししかないということになります。ある場合は、引退生活のために蓄えることができないということもあります。貯えることが全くできないという一人親や失業中の人々から受け取った手紙のことを考えています。

しかし、蓄えることのできる人々にとっても、蓄えるためには自己管理が必要です。あなたの会社に退職年金制度があるなら、それを最大限に利用しましょう。よほどの緊急時の場合にだけそこから借りるようにしましょう。給料の一部を自動的に貯蓄する制度を提供している会社も多くあります。会社によっては引退計画に向けて社員の積立金と同額を積み立ててくれる所もあります。「先払いしておきなさい」という古い言い回しは役に立ちます。将来のために食べ物を勤勉に蓄える蟻という生き生きとした聖書の譬えは具体的で核心を突く教訓を示してくれています。

怠け者よ、蟻のところへ行け。
そのやり方を見て、知恵を得よ。…

夏のうちに食物を確保し、
刈り入れ時に食糧を集める。（箴言六・六、八）

次のようなことを聞いたことがあり、また全く同感なのですが、すべての成功する企てと同じように、快適な引退生活の土台は計画を立てることにあります。それと私は祈りの必要性を付け加えたいと思います。聖書によると、すべてのことについて祈りなさいと告げられています。ですから、神様があなたの人生を全面的かつ完全に所有してくださるように祈りなさい。このように祈る時、私たちは神様への信頼を表明しているのです。

不必要な出費の落とし穴を避ける

しばしば見られる金銭的な落とし穴で高齢者に多大な影響を与えるものは、いわゆる借金地獄です。私たちが支払う余裕のない（そして恐らく買う必要もない）物を買って、その支払いのためにクレジットカードによる請求書が急に大きくなってしまうことは、人生のどの段階であっても起こり得るものですが、借金を支払うための雇用収入のないシニアにとっては特に悲惨なものとなります。悲しいことに借金地獄は、あるシニアにとっては破産宣告の原因になることがあります。

支払う余裕のない贈り物をしないようにしましょう。祖父母が子どもたちや孫たちの愛情を買うために、あまりにも気前のよい贈り物をたくさん贈るときにしばしばこういったことが起こります。手厳しく聞こえるかもしれませんが、両親によっては、お金をまるで武器のように用いる人もいます。お金によって子どもたちをコントロールしたり、自分たちと仲たがいしている子どもとのよりを戻すために、お金を用いたりします。そのような人々は聖書の次のみことばを忘れています。「何よりもまず、互いに熱心に愛し合いなさい。愛は多くの罪をおおうからです」（1ペテロ四・八）。

年を重ねるにつれて、軽率な金銭的決断を避けるようにしましょう。信頼できる資金運用の専門家もたくさんいますが、すばらしい約束や説得力のあるプレゼンによってだまされる高齢者をターゲットにする人々もいます。あなたが耳にすることを何でも信じないように、また、あなたが信頼できる専門的知識のある人々と相談せずに大きな資産運用の決断をしないようにしましょう。次の古いことわざは正しいものです。「信じられないほどすばらしいものは、恐らく信じない方がいい。」

資産をどのように運用するかを考える時に慎重でなければならないということと同時に、金銭的なことで頭をいっぱいにしないようにしましょう。「私の叔母が考えていることはすべてお金のことと、困窮するのではないかという恐ればかりです」とある男性が言っているのを聞きました。「彼女は電気代が払えないかもしれないと言って、切れた電球を代えることさえさせてくれません。彼女には一生、生きるのに十分な経済があるのですが、それを信じようとせず、自分の恐れに囚われているのです」と。分別のある生活費を算定して、それをしっかりと守ることによって、自らの経済をコントロールしましょう。そうすれば、借金の奴隷とか、弱みに付け込んでくる人々の犠牲になったり、怖れに囚われたりすることがなくなるでしょう。

法律的な事柄には率直に対処する

合法的な遺言書を持っているということは決定的に重要な事です。一部の人々は費用がかかるという理由で遺言書を作るのを避けます。遺言書を作るほどの資産を持っていないと思う人々もいます。あるいは遺言書が家族の間にいさかいを生じさせるかもしれないと心配している人々もいます。

しかし、遺言書を残さずにこの世を去ることが与える影響を考えて見てください。そのことによって引き起こされる結果は悲惨なものになるかもしれません。法律は州によって異なりますが、ある場合は、遺言書がないまま亡くなった人の財産の処分は、その人の家族によってではなく、裁判所か州の法律で決められます。その結果、亡くなった人が願っていたものとは随分と異なったものになることがしばしばあります。このような事実とは別に、遺言書がないために、遺産の一部をもらう権利があると考える家族の間で言い争いやいさかいを引き起こすかもしれません。「母はいくつか素敵な物を持っていました」とある女性が最近手紙で書いてきました。「しかし、母が亡くなった後で、誰が何を取るかで言い争いが酷くなりました。一部の家族の者たちのふるまいに母が生きていたらショックを受けていると思います。どうして人はこれほどまでに貪欲なのでしょう。ほとんどの物はどっちみち大した価値はなかったのです」と。この方は手紙の中で、彼女の母親は遺言書を残していなかったと述べています。

しかしながら、遺言書を準備しておこうと心に決めることは第一歩に過ぎません。さらに重要なことは、あなたの財産をどのように分配したいかという問題です。つまり、あなたの遺言書によって誰が受益者となるかということです。さらに、遺言書を作る時、他の問題にも注意を向ける必要があります。例えば、誰が遺言書執行人になるかとか、すべての遺産を相続人に与えずに、その一部を信託管理してもらうか、といったことです。こういったことは広範囲に及ぶ意味合いを含む複雑な問題となる場合があります。このような事柄は遺産問題に詳しい法律家の助けをいただいて取り扱うことが最善でしょう。

しかしながら、遺産問題が簡単であろうと複雑であろうと、どのような遺産計画でも思慮深く、慎重に、かつ祈り深く準備される必要があります。神様は、あなたが現在自分の所有物をどのように扱っているかだけでなく、あなたの死後、自らの所有物をどのように扱おうとしているかに対しても関心を抱いておられます。あなたはそれらを自分だけのものであって、自分が好きなように勝手に使えると見ていますか。それとも、それらは神様からあなたに託されたものであって、神様の栄光のために用いられるべきものだと認識していますか。自分の収入の十分の一を常に教会や他のキリスト教の団体にささげることを心がけて、什一献金をしておられた一人の男性は、遺産についても同じことをするつもりだと自分の家族に告げました。そのことを遺言書の中に書き込みました。このように文書となった指示は、死去された人の願いを明確にするのに確実に役立ちます。ダビデ王は次のように祈りました。「このように自ら進んで献げる力を持っているとしても、私は何者なのでしょう。私の民は何者なのでしょう。すべてはあなたから出たのであり、私たちは御手から出たものをあなたに献げたにすぎません。」（1歴代誌二九・一四）と。

病気と共に生きることとリビングウィル

大抵の人は遺言書というものについてはよく知っています。死後に関する自らの希望の要点を述べている法的文書です。近年、私たちの国の医療制度の驚くべき変化によって、患者にある種の権利をもたらす重要な文書が出現してきました。これは一般にはリビングウィル（生前遺言）という名前で知られています（これはさまざまな名前で呼ばれています。例えば、「生前医療的指示」とか、「自然死希望宣言」などです）。これは自らの死の前にどのようにしてほしいかを述べる文書です。具体的には、身体的または精神的障害によって無力な状態になった場合、あるいは重大な医療的緊急事態の場合、本人は何を希望するかというものです。リビングウィルが重要になってきたのは、主に医学の進歩によるもので、たとえどんなに悲惨な状況でも、通常の寿命よりも生命を生きながらえさせることが可能になったためです。

リビングウィルと密接に関連している他の法的文書もあります。例えば、あなたが自分で機能できなくなった場合、あなたに代わって行為するために別な人に許可を与える法定代理人の権限を著す文書などです。「法定代理人が持つ医療的権限」(health care power of attorney)文書があれば、あなたがもはや自分で医療的措置に関する決断をすることができなくなっても、家族のだれか、あるいは信頼できる第三者を指名することができます。同じように、「法定代理人の経済的権限」(financial power of attorney)文書があれば、あなたが自分でできなくなった場合、あなたの代わりに経済的な決断を行うことのできる誰かを指名できます。この種の文書を精神的なプレッシャーがかけられている時に署名する場合は常に注意が必要です(例えば、他の州で緊急医療を受けている時など)。その文書があなたの本心を変えるものでないことや、すでに署名をしている他の文書を覆すものではないことを確かめる必要があります。

こういったことは決めるのが難しく、複雑な感情的問題もあります。しかし、もはやどう考えても回復する見込みがないという医学的コンセンサスがある場合は、行き過ぎた医療的処置を行うことは延命ではなく、人の死というものを人工的に遅らせているだけだというのが私自身の強い信念です。

できる限り、このような事柄は必要に迫られる前に決めて、有効な法的文書の中に記述しておく必要があります。医療的緊急事態がひとたび発生すれば、医師や病院に対して明瞭な法的ガイダンスを知らせる形で、患者が自分の願いを表現することは大抵の場合できなくなります。ちなみに、今日では多くの病院がホームページ上でこういった事柄に対処するために推奨する書式をアップしています。

あなたが自分自身で機能できなくなる時にはじめて効力を持つリビングウィルとかその他の文書を、どうしてわざわざ用意しておく必要があるのでしょうか。最も明らかな理由は、文書がないために、実際は回復の望みがない時に苦しみや屈辱が引き延ばされたりすることを避けるためです。しかしそれだけでなく、リビングウィルは遺言書が重要であるのと同じ理由で重要です。つまり、家族のためです。あなたが何も指示を残していなかったばかりに、家族は難しい選択の渦の中で、感情的に混乱してしまうかもしれません。家族間でどうすればよいか同意を得られないかもしれません。さらには、ある州の法律では、（私の理解によると）行き過ぎた医療行為は一度始められると取り外すことはできないこともあります。家族が被る経済的な痛手や感情面での痛手には非常に驚くべきものがあります。しかしそれだけではありません。そのような状況になれば、文書にされていないばっかりに、患者の真の希望は無視されてしまいます。悪夢になり得ることから自分や家族を守るようにしましょう。

クリスチャンは死について頭の中がいっぱいになる必要はありません。神様は私たちの思いの中に、生きたいという意志を授けてくださっています。でも同時に、私たちは死からしりごみして、まるで最後の息を引き取るまでは激しく死に抵抗して生きるのだと思う必要もありません。事実、人生の重荷や苦痛が私たちを圧倒して、死を友のように歓迎する時が来ることもあります。それが自然なのです。私たちがキリストを知っているなら、天国が私たちの本当のふるさとであることを知っています。そして、（あのいにしえの聖徒たちのように）「彼らが憧れていたのは、もっと良い故郷、すなわち天の故郷でした」（ヘブル一一・一六）。

成人した子どもへのアドバイス

だれもがいつか老年期を迎えることを忘れないようにしましょう。私がまだ若かった時、両親が老けていくことを心配したことを思い出します。私は常に両親にふさわしい敬意を払いました。両親がもはや自らの人生について重要な決断をすることができないことをほのめかして、無意識のうちに彼らを傷つけないように気をつけていました。時として親たちのプライドを守ることと親たちの幸せを確保することの間には微妙な違いがあります。

次のように思っている人がいるかもしれません。「確かにこういったことは大切なのでしょう。でも私はまだ若いし、こういった事柄はまだまだ先の話しではないでしょうか」と。そうかもしれません。しかし、親たちは自分たちの決断が自分たちだけでなく、あなたに与える影響も考えて不安になっているかもしれないのです。

親たちがこういった事柄の対策を講じていないことを心配している成人した子どもたちもいます。でも子どもたちはこういった話を持ち出すことを嫌がります。心の動機を親たちが誤解するかもしれないことを恐れるのです。時としてこういったことが問題を生じさせて、親たちと成人している子どもたちとの関係が難しくなることもあります。一般に、大人は親から指図をされることを嫌います。そして、親たちも子どもたちから指図を受けることを嫌がります。しかし、私たちが年を重ねるにつれて直面する具体的な事柄に対処しなければ（あるいは単に無視するだけでは）、家族の間に不安といさかいをもたらす確実な火種になるでしょう。私は成人している子どもたちには大きく考え方を変えていただきたいと願います。あなたがどのような計画を立てたらよいかを考える時、親たちの助言を求めてください。それが話し合いを始めるきっかけになるかもしれません。なぜなら、結局、親たちもまた耳の痛い話題を切り出すことを嫌がっているかもしれないからです。老人たちが自分の子どもたちの見解を必要としていることもあります。このような接し方がまさに必要とされていた促しとなる場合があります。

あなたの家族の力学についてはあなたにしか分かりません。ただ私はあなたがこのような大切な事柄に関して手を貸すことから後ずさりしないことをお勧めします。このような話題のために賢い知恵の言葉とちょうど良いタイミングを主に求めましょう。主はすべてのことを主のみ名において尊敬と優しさと愛をもって行う人々を大切にしてくださいます。聖書の教えを心に留めましょう。「上からの知恵は、まず第一に清いものです。それから、平和で、優しく、協調性があり、あわれみと良い実に満ち、偏見がなく、偽善もありません」（ヤコブ三・一七）。

親たちへのアドバイス

リビングウィルや遺言書や最後の取り決めがなされなければならない時に、あなたがこれらの事柄に責任をもって対処されることが私の祈りです。他の人々が愛する人のためにこのような決め事をしなければならないのは感情的に難しいことです。自分から行動しましょう。そうすれば家族の者たちが感情的に動揺しないですみます。高齢の世代は模範を示して、できる間に重要な決断をいたしましょう。あなたの子どもたちもあなたが今取り組んでいるのと同じ課題に将来取り組むことになるでしょう。あなたが責任ある計画を立てて模範を示すことによって、あなたは子どもたちを祝福することになるのです。

今は亡きJ・P・モーガン氏の遺言書を読んだ時、感動したことを覚えています。彼は歴史上最も影響力のあった銀行家として知られています。彼が一九一三年に亡くなった時、彼の子どもたちが彼の遺言書を読んだ時、どんな思いであったかを私は常々知りたいと思っていました。子どもたちが彼の言葉から力を感じ取って、励まされたことを望んでいます。「私は救い主の御手の中に私の魂をゆだねます。そのすばらしい血潮によって私の魂を贖い、洗い清め、天の御父の御座の前に傷のない者としてくださるという全き確信を私はいただいています。イエス・キリストが一度だけささげられたその血潮を通して罪の完全な贖いをしてくださったというすばらしい教えを、私の子どもたちが何としても、いかなる犠牲を払おうとも守り通してくれることを請い願います」[1]と書かれていました。

自分のために選択をすることは簡単ではありません。しかし、他の誰かにまかせることはリスクを伴います。自分の家庭を秩序あるものにしておくことは、親が子どもたちのためにできる最も重要なことであります。あなたが自分の考えをしっかりと持っており、あなたの生涯の働きから生み出された事柄を処理していることを示して、子どもたちを安心させてあげてください。そして、他の何よりも、あなたが主イエス・キリストをどのように信じているかということを知らせてあげてください。それこそがいつまでも残るあなたの遺産となることでしょう。

責任ある計画を立てて御国に近づく

私たちはあらゆることについて喜びつつ感謝をささげているでしょうか。それとも、地上での最後の年月を自分にとって、また近しい人々にとって耐えがたい年月としているのでしょうか。私たちは忠実に事柄を整理して、私たちがキリストの責任あるしもべであったということを他者が知ることになるでしょうか。私たちはイエス様が私たちの天国への帰郷を準備してくださっているという確信を持って死の準備をしているでしょうか。私たちが命を全うした時、他の人々は私たちがどこに行ったか分かるでしょうか。

ヘブル人への手紙には遺言書とか約束とかという言葉がしばしば出てきます。「遺言には、遺言者の死亡証明が必要です。遺言は人が死んだとき初めて有効になるのであって、遺言者が生きている間には、決して効力を持ちません」(ヘブル九・一六―一七)。イエス様はこの世に来られて人々の間で生活されました。主はどのように生きるか、そしてどのように死ぬかに関する模範でありました。イエス様は私たちが生きることができるようになるために死んでくださいました。主はまた「わたしは…あなたがたのために場所を用意しに行く」(ヨハネ一四・二)と約束されたことを成就するために再びよみがえられました。聖書が次のように語っているのはこのためです。「主の聖徒たちの死は、主の目に尊い」(詩篇一一六・一五)。これは遺言であり約束であります。私たちの人生の晩年において、置かれた状況にいら立ちを覚えるかもしれませんが、私たちの救い主と再会する日を待ち望みつつ、神様のみこころを思い出しましょう。「いつも喜んでいなさい。…すべてのことにおいて感謝しなさい。これが、キリスト・イエスにあって神があなたがたに望んでおられることです」(1テサロニケ五・

一六―一七)。

第五章　力は衰えても強く生きる

年老いたときも　私を見放さないでください。
私の力が衰え果てても　見捨てないでください。

（詩篇七一・九）

困難に立ち向かっていきなさい。そうすれば困難もさほど
強いものではないことが分かるでしょう。

（ノーマン・ビンセント・ピール）

二〇一〇年に東京のとあるウェブ上の記事に次のような見出しが書かれていました。「高齢者にすばらしい力をくれるロボットスーツ」というものです。その記事の中に記載されていた写真には、シニアではなく若いスポーツ選手がモデルとなってそのパワースーツを着ている姿がありました。表題によると、その頑丈なスーツは六十六ポンドの重さで、最初の値段は百五十万円（約一万二千ドル）ということでした。私は自問自答しました。「私の年代の人で六十六ポンドの重さのものを一日とは言わず、一時間でも身に着ける力のある人がどれくらいいるだろうか。それと、それほど高価な物を

買う余裕のある人はどれくらいいるだろうか」と。その記事によると、そのスーツを海外で販売する予定はないということを書いていたので安心しました。私は毎朝、自分の靴を履くために格闘することに満足することにしました！

でも私はその記事を詳しく読んでみて、金属とプラスチックでできた骸骨格型のスーツにどうしてそのような力があるのか調べてみました。その秘密はスーツにあったのではなく、八つのモーターとセンサーが声を認識するシステムを通じて命令に従ってくれるのです。そして、身体が筋肉に負担をかけずに曲げたり伸ばしたりできるのです。このような斬新な発明品はデパートで見かけるようになることはないだろうとは思いますが、その背後にある自由な発想は人間が自分を超える力を持ちたいという願望を持っていることを表しているのでしょう。

六十五歳になるある父親が息子の引っ越しを手伝いました。その息子が親友たちに引っ越した時のことを話して、こんなことを言いました。「おやじと僕は冷凍庫を台所へ運び込もうとしていたんだ。僕が手押し車を取りにガレージに行って、戻って来てみると、何とおやじは冷凍庫を一人で動かして難しい家のデッキを横切り、台所へ運び込んだんだ！道具を何も使わないで！僕はおやじに即座に言ったよ。そんなことをしたらギックリ腰になるか、筋肉を痛めるよ、って。見るとおやじの目がキラキラ輝いてるんだ。おやじはそれができたことが嬉しかったんだろうね。僕も誇らしく思ったよ。ほんと。『老人力』という言葉が思い出された。白髪になったおやじから学ぶべきことがたくさんあるなって、その時感じたよ。いつも強く生きて来て、一途な意地を見せてくれたこのおやじから。」

聖書によると、「若い男の栄誉は彼らの力。老人の輝きはその白髪」（箴言二〇・二九）と書かれています。若い人たちは老人が持っている力や知恵を軽く見る傾向があります。また老人は時々自らの知恵以上のことをすることがあります。でも、私の若い頃、父はすごい力の持ち主だと考えていたことをはっきりと覚えています。父は農家でした。彼は手を使って働きました。私は成長するにつれて知恵と力を持つ父をますます深く尊敬するようになっていきました。

現在、私は父よりもずっと長生きしており、加齢と共に私が大変驚くことは、ごく簡単な事をするための力さえなくなっているということです。例えば、椅子から立ち上がることとか、一時間以上誰かと話をする持久力とか、あるいは単に医者の所へ行くとかといったことです。神様は私たちの弱さや、加齢と共に私たちの力が衰えることをご存知です。そして私たちが神様により頼むことを神様が喜んでくださるのです。パウロはコロサイ人への手紙の一章二九節で、彼の内に力強く働くキリストの力に拠り頼んでいることを思い出させてくれます。私たちもパウロと同じようにキリストの力を求めることができます。神様は私たちの身体を永遠に生きるようにはお創りにならなかったことを思い出してください。ですから神様は私たちがどのように感じているか確かにご存知なのです。

私たちは自分のことや自分の弱さについて考えることに時間を費やすべきではありません。それよりむしろ、神様のことや神様がどんなに力あるお方であるかについて考えるべきです。パワースーツの中に組み込まれているセンサーが声を認識してスーツに力を注入すると同じように、神様のみ声に反応すれば、神様が私たちの力となってくださると聖書で教えられています。詩篇の作者は次のように書いています。「この身も心も尽き果てるでしょう。しかし　神は私の心の岩」（詩篇七三・二六）と。私たちは神様に拠り頼んでいるでしょうか。神様のみ声を認識しているでしょうか。

神が語られる時

私は神様のみ声を耳で聞いたことはありません。しかし、主は私の生涯において幾度も語りかけてくださいました。「どうやって神様のみ声に気づくことができるのですか」と質問されるかもしれません。聖書は次のように語っています。「真理に属する者はみな、わたしの声に聞き従います」（ヨハネ一八・三七）と。主イエスのみ声に気づくために、私たちは主イエスに繋がる者となる必要があります。

ある日、ある祖母と孫娘が一緒に買い物をしていました。孫娘の携帯電話が鳴るたびに、彼女はすぐに電話に出て、掛けてきた相手の名前を呼ぶのです。何回かそのようなことがあってから、祖母が不思議に思って尋ねました。「ねえ、電話を掛けてきた人と話をする前に、どうして相手の名前が分かるの？」と。孫娘はクスクス笑って祖母の首にハグをして言いました。「おばあちゃん、これはコーラーIDという新しい技術なのよ」と。孫娘がその技術を説明すると、祖母が言いました。「何とまあ。私が若かった時はそのような技術は必要なかったわ。近所の人が電話を掛けてきた人を皆に知らせてくれたから。共同加入電話だったからね」と。すると今度は孫娘が不思議に思い、彼女がいまだ生まれていなかった時代の共同加入電話について祖母からびっくりするような話を聞くことになったのです。

私が世界中をあちこち行き来していた頃、妻のルースが私に電話をしてきた時、彼女は自分の名前を言う必要がありませんでした。私が電話を取り、声を聞くだけですぐに妻の声が分かりましたから。携帯電話やコーラーIDができるずっと昔のことです。子どもたちが電話をしてきた時も、名前を聞く必要はありませんでした。娘のギギやアンやバニーたち、それに二人の息子のフランクリンやネッドたちの声をすぐに聞き分けることができました。私の姉妹のキャサリンやジーン、それに兄弟のメルヴィンの声も聞き間違えることはありませんでした。電話を取って母の優しい声を聞いた時のことを思い出します。電話の主が誰だか全く尋ねる必要はありませんでした。私たちにとって大切な人たち、心を親しく交わす人たちの声は分かるのです。

同じように、もし私たちが祈りと聖書のみことばを通して主イエスと交わっているなら、私たちの霊が主のみ声に気づくのです。イエス様はおっしゃいました。「わたしの羊たちはわたしの声を聞き分けます。わたしもその羊たちを知っており、彼らはわたしについて来ます」（ヨハネ一〇・二七）と。

主イエスがそれを可能にしてくださらなかったら、私たちが主のみ声を聞くことを主は期待されないでしょう。主はご自身の力強いみ声を発せられ（詩篇六八・三三）、そのみ声を私たちが聞くことができるとおっしゃるのです（詩篇九五・七）。「わたしは、わたしが主であることを知る心を彼らに与える」（エレミヤ二四・七）。「わたしの声に聞き従え。そうすれば、わたしはあなたがたの神と…なる」（エレミヤ七・二三）と。

主のみ声はさまざまな形で与えられます。火の中からの声（申命記五・二四）、水の上にある声（詩篇二九・三）、天からの声（マタイ三・一七）、雲の中からの声（マタイ一七・五）、主のみ口からの声（使徒二二・一四）、厳かな栄光の中からの声（2ペテロ一・一七）、御座からの声（黙示録一九・五）などです。

日常生活の中で主のみ声を聞いているでしょうか。主は時々語られるのですが、私たちは聞いているでしょうか。補聴器の電池が切れているせいにすることはできません。神様のみ声は人間の発明に縛られていません。神様は人の心に語られます。神様のみ声は荘厳な声（詩篇二九・四）、かすかな細い声（1列王記一九・一二）、また威厳のある声（イザヤ三〇・三〇）として描写されています。主のみ声は生ける神の声（申命記五・二六）、全能者の声（エゼキエル一・二四）として特定されています。

主のみ声は力強い声（詩篇二九・四）です。それは荒野を揺さぶり（詩篇二九・八）、炎の穂先をひらめかせ（詩篇二九・七）、雷鳴をとどろかせ（ヨブ三七・五）、大水のとどろき（黙示録一・一五）のようでもあり、都に向かって叫ぶ声（ミカ六・九）でもあります。私たちは主のみ声に聞き従い（申命記一三・四)、みことばの声に聞き従う(詩篇一〇三・二〇)必要があります。

通信技術が世界を変えました。かつては、私が飛行機に乗っている間は、何時間か妻は私からの連絡がないことを知っていました。今では通信ができない時というのはほとんどありません。飛行中でも空から電話を掛けることができます。公衆電話から電話するために高速道路から降りる必要もなくなりました。しかし時々、受信状態が悪い時があります。話している途中で携帯電話が切れることも珍しくありません。送信が電波障害によって妨げられることもあります。受話器に向かってほとんど叫んでいる人もいます。「聞こえる?」と。すると「こっちは聞こえるよ。そっちは聞こえる?」と返事が来ます。若い人たちが友人たちと繰り返し同じことを言っているのを聞くとおかしくなる時があります。

神様が人間に最初に質問されたおことばは、「あなたはどこにいるのか」というものでした。アダムは「私は、あなたの足音を園の中で聞きました」(創世記三・九―一〇)、と答えました。神様は女にも質問されました。「あなたは何ということをしたのか」(創世記三・一三)と。もしエバが携帯電話を持っていたとしたら、通信障害があってよく聞こえません、とそれとなく言ったかもしれません。

でも私たちの人生の主なる神様と通信ができない状態というのは笑うことができません。もしそのようなことが起こるとしたら、通信障害は神様ではなく私たちの側にあると断言できます。神様の語られることを聞きたくないという時もあります。それは神様のみことばが私たちに告げられることが何かをすでに知っているためです。聖書には主のみ声を聞いても最初気づかなかったという人々の記事がたくさんあります。預言者サムエルにそのようなことが起こりました。神様は何度もサムエルの名前を呼びましたが、サムエルはその声の主は誰だろうと考えました。しかし、サムエルがみ声に気がつくまで神様は呼び続けました（1サムエル三・一―一〇）。

もし神様が私たちと交信することを願われないなら、神様は人に質問されるということもないでしょう。しかし、神様は私たちと交信したいと願っておられるだけでなく、私たちの声も聞きたいと願っておられるのです。神様は応答を求めておられます。イザヤは「だれを、わたしは遣わそう」という主のみ声を聞きました。イザヤは言いました。「ここに私がおります。私を遣わしてください」（イザヤ六・八）と。クリスチャンを迫害していた人が主の次のようなみ声を聞きました。「サウロ、サウロ、なぜわたしを迫害するのか」と。このすばらしい言葉のやりとりの中で、サウロは応答しました。「主よ、あなたはどなたですか」（使徒九・四―九）と。この会話が使徒パウロのすばらしい伝道生涯の始まりでした。

けれども神様のみ声はいつも質問という形で聞かれるものではありません。神様は私たちの必要に思いを馳せてくださるいつくしみ深いお方です。神様のみ声は慰めや導きを与えてくださいます。ギデオンは主が平安を語られるみ声を聞きました（士師記六・二三）。ハバククは神様が次のように語られるみ声を聞きました。「正しい人はその信仰によって生きる」（ハバクク二・四）。

長年の間、多くの人々が神様は聖書を通じて語られます、と私に告げてきました。しかし、神様が実際に私たちの祈りを聞かれるということを信じているでしょうか。聖書は主が私たちの祈りを聞かれるのかどうか分からないといった不安を一掃します。主を畏れ主を崇めている人々のために、主は泣く声を聞かれます（詩篇六・八）。そして次のように語られます。

あなたの泣く声、
あなたの目の涙を止めよ。
あなたの労苦には報いがあるからだ。…
あなたの将来には望みがある。　（エレミヤ三一・一六―一七）

もしあなたが寂しく感じて弱くなっているなら、神様の慰めのお言葉を聞いてください。「わたしの声に耳を傾けて聞け」（イザヤ二八・二三）。「力の限り声をあげよ」（イザヤ四〇・九）。神様はあなたの声を聞かれ（申命記五・二八）、あなたの祈りの声に耳を傾けてくださいます（詩篇六六・一九）。これらのみことばを思い起こすことによって、あなたの魂に元気が与えられることを望みます。

私の年齢になると、ほとんどのシニアと共感することができます。古き良き時代を時々思い出します。共に働いた友人たちと一緒にいる時は特にそんな気持ちになります。過去のことをいつまでも考えたり、若いころを思い起こそうとは願いませんが、子どもたちと一緒に山に登ったり、福音を語るために講壇に立ちたいと思ったりする時があります。しかし、私のベッドの近くにあるウォーカーや車いすや杖などが、人生のそのような章は終わったのだと思い知らせてくれます。ですから、神様が私の人生を豊かにしてくれた思い出に感謝すると同時に、新しい機会を楽しみにして将来に目を向け、現在に何かの側面を付け加えるような経験を待ち望んでいます。人生の最終章においては私たちの心の姿勢が大きい役割を果たします。

若さが次第に色あせる時

「誕生日は健康に良いですよ」と誰かが言いました。「統計によるとお金持ちが長生きするみたいだよ」と言う人もいます。それに対して返事が返ってきました。「五十歳に見えたらすばらしいよ。本当は六十歳だとしたらね！」と。すべて人がどう見るかによります。子どもたちは三十歳の両親のことを年寄りだと見ていますし、祖父母に至っては古代の人のように考えています。祖父母たちは子どもたちや孫たちのことを永遠に若いと考えます。しかし、子どもたちはできるだけ早く年を取りたいといつも考えています。子どもに年齢を尋ねてみてください。答えはいつも「〇歳と〇カ月」と言うでしょう。十歳の子どもは十二歳になるのが待てません。十二歳の子どもは早くティーンエージャーになりたいと思っています。ティーンエージャーたちは早く結婚できる年齢になりたいと考えています。夫婦は早く子どもたちが結婚して子どもを産んでくれて自分たちが祖父母になることを期待しています。そして実際に祖父母になってみると、老けてきたことを嘆き始めるのです。

私たちの社会は異常なまでの矛盾で成り立っています。若者たちは経験を積むことなしに給料の良い仕事に就きたいと考え、中年の人たちはジムで運動ができることを自慢しつつも休養するために引退する日が待てないと考え、老人たちはいつまでも青春の泉から水を飲みたいと考えています。実際は、若い人たちがすぐに成功すると人生の旅を楽しむことができなくなります。四苦八苦する旅路で私たちは知識を得、思い出を作り、達成感を得て、生きていて良かったと思うものです。老人たちはいつまでも美と健康を約束する特効薬やクリームなどにしばしば騙されます。クリストファー・コロンブスとある時一緒に旅をしたスペインの探検家でフアン・ポンセ・デ・レオンという人がいました。彼は人々が「青春の泉」と呼んでいた不思議な水源を探しに行きました。その水源の水を飲むと人はいつまでも若さを保てると噂されていました。ポンセ・デ・レオンは何としてもこの伝説の泉を探し当てると心に決めていました。ところがその代わりに彼はフロリダを発見したのです。後にアメリカの退職者天国となった場所です。どれくらいの夫婦が家具一切を荷造りし、新天地でやり直すために子どもたちからも離れ転居し、フロリダのゴルフコースの見えるマンションに新居を構えたことでしょう。フェアウェイの向こうには老人ホームも見えるところに。

陽光の州フロリダで整形外科医をしている人が自分のクリニックを「青春の泉研究所」と名付けました。しかし、最近のアメリカ科学雑誌の報告によると、「青春の泉」というのは神話だと結論付けています。「不老長寿への願望は常に万民を魅了してきた」と言い、その記事は公式の見解を述べて次のような警鐘を鳴らしています。「現在、市場に出回っている発明品の中で老化を遅くしたり、止めたり、逆転させることができると証明されている商品は一つもない」[1]と。

ある十代の子どものことを思い出します。彼は祖父の傍に椅子を近寄せて言いました。「おじいちゃん、おじいちゃんの顔のしわで自慢の傷跡がだんだん見えなくなってきているよ」と。賢い祖父はにっこり笑って、少年の背中を軽くたたいて言いました。「そうさな。古傷にも、しわにも、錆びついた骨にも話す話がたくさんあるよ」と。そうしてその午後、孫息子は自分のルーツについてたくさんのことを学びました。数年後、彼はアメリカ合衆国軍隊に入隊しました。その選択について質問された時、彼は次のように答えました。「僕も祖父のように傷やしわを獲得したいから」と。

青春の泉というこの世の考えは幻想です。聖書だけが魂のオアシスを提供してくれます。「主を恐れることはいのちの泉」（箴言一四・二七）。このみことばの意味を理解するためには、まず「主を恐れること」とは何かを理解する必要があります。神様を怖がることでは全くありません。もし人類が神様に近づくことを怖がるようにと神様が望んでおられたなら、神様は私たちと心を通わせるために御子をこの世に遣わされることはなかったことでしょう。聖書の中の至る所にある、「主を恐れること」

という素晴らしいみことばは、神様に対して畏敬の念を持って近づき、全身全霊で神様を愛し、あらゆることにおいて自らを喜んで神様にささげることを思い起こさせてくれるものです。「あなたは心を尽くし、いのちを尽くし、力を尽くして、あなたの神、主を愛しなさい」（申命記六・五）と書かれてある通りです。使徒ヨハネはこのことを次のように表現しています。「子どもたち、偶像から自分を守りなさい」（1ヨハネ五・二一）と。

ここにいのちを与える祝福が流れ出るすばらしい泉の光景を見ることができます。「いのちの泉はあなたとともにあり、あなたの光のうちに、私たちは光を見るからです」（詩篇三六・九）。「正しい人の口はいのちの泉」（箴言一〇・一一）。「知恵のある者のおしえはいのちの泉」（箴言一三・一四）。そして「賢明さは、これを持つ者にはいのちの泉」（箴言一六・二二）と書かれています。さらに主イエスはこれらすべてを聖書の最後の書物の中で総括して次のように語られています。「わたしはアルファであり、オメガである。初めであり、終わりである。わたしは渇く者に、いのちの水の泉からただで飲ませる。勝利を得る者は、これらのものを相続する」（黙示録二一・六―七）と。

読者の皆様、いのちの泉は本当にあります。その源から私たちは力を汲み取り、勝利を得る者になるという意志を強く持って立ち上がることができます。そして、私たちは永遠のいのちを相続して、魂の救い主キリストの臨在の中に入ることができるのです。疲れている者、働き過ぎている者、そして目がかすんでいる老人にとっても、キリストの光が私たちの心の中に注がれます。高齢者の唇は物が言えなくなっているかもしれませんが、私たちの存在を通して信仰のことばが絶えず流れ出ます。難聴になってきても、知恵の教えが私たちの心の深いところに満ちているのです。多くの高齢者は意志決定をする能力を失うかもしれませんが、その方々の人生経験を通して他の人々が助けられて新しい人生の道を切り開くこともあるのです。

少し前に、少なくとも二十五年間ほど会っていなかった知人と再会しました。私たちが握手をした時、「おやまあ、彼はすっかり老人になってしまった」という思いが頭をよぎりました。(彼も同じことを私について思ったことでしょう。)以前の彼は背が高くてスポーツマンでありました。今では彼は背中が屈み、顔にはしわが寄り、手がかすかに震えていて、杖にしっかりと寄りかかっています。彼は今でも性格は変わっていませんが、もう若くはありませんでした。

後日、ある考えが浮かびました。もし私たちが二十五年間も間を空けることなく、数カ月ごとに会っていたとしたら、多分お互いにそれほど変化に気がつかなかったのではないだろうか、と。普通は老化というのは長い間に徐々に進行するものです。若者が翌朝、目が覚めると一晩で突然老けていたということはありません。人生が多くの段階を経る旅のようなものであるのと同じように、人生の黄金期と呼ばれる時期もまた多くの段階を経るものです。けれども長生きすると、老年期は必然的にやってきます。

このことを認めたくないかもしれません。この事実を否定して老いることを食い止めようと全力を注ぐかもしれません。化粧品会社の商品を利用したり、美容整形外科医の言う通りにしたりさえすれば若さを保てると約束されます。ビタミン製造会社は自分たちの商品が老化を遅らせることができると主張します。運動の指導者や医療専門家は健康的な生活のメリットを指摘します。ある程度は彼らの言っていることは効果があるでしょう。健康に対して細心の注意をしていれば老化を遅らせ、老化による厄介な影響を少しは回避できるかもしれません。少なくともしばらくの間は…。こういったことは必ずしも間違ってはいません。神様は私たちが自分の身体を大切にすることを望んでおられます。聖書は次のように言っています。「自分のからだをもって神の栄光を現しなさい」(1コリント六・二〇)と。

実際は他の人よりも強い遺伝子を持っていてゆっくりと老化する人々がいます。六十歳ですでに老けている人もいます。いつまでも若く見える人たちもいます。この原稿を口述筆記してもらっている現在、長年の同僚で友人でもあるジョージ・ベバリー・シェーがちょうど百二歳の誕生日をお祝いしたところです。彼は今でも頭がはっきりとしていて元気です。数カ月前、彼はこの国で最大の刑務所があるルイジアナ州アンゴラ市のルイジアナ州立刑務所で受刑者たちのために彼の音楽を分かち合って数日間を過ごしました。誕生日の後まもなく、彼と彼の妻カーリーンはハリウッドに行き、生涯を通して音楽の分野で顕著な功績のあった人に贈られるグラミー賞生涯業績賞を受賞しました。彼はそのような名誉ある(そして受けるに十分値する)賞を受賞した最高齢者でありました。

その受賞から帰宅して数日後にベバリーは、私と一緒に最初からミニストリーで奉仕してくれたクリッフ・バローズと共に、ビリー・グラハム図書館でビル・ゲイサー・ホームカミングビデオの録音に参加しました。その野外コンサートは壇上に百四十人の福音歌手たちが立ち並ぶ巨大な天幕の下で録音されました。八十八歳のクリッフと百二歳のベバリーは、他の歌手たちと共に壇上に座って夜遅くまで素晴らしい讃美歌を歌いました。その翌日、ビル・ゲイサーと彼の妻グローリアが私の自宅に訪ねて来てくれた時、クリッフが壇上の中央にまで歩いて行き、大きな聖歌隊と会衆の歌う「つみとがをゆるされ」（新聖歌二六六番）を指揮した様子を話してくれました。クリッフはその夜、杖を突きながらも嬉々として指揮をしていた、と私に報告してくれた人々もいます。私はクリッフが長年の間、何百もの大聖歌隊の指揮をするのを見てきましたが、その夜私も一緒に過ごすことができていればと思ったことです。

それはともかく、誰であろうと老化が始まるのを完全に食い止めることはできません。そしていやが応でも、長生きをすればするほど老化に伴う重荷や障害があなたの仲間になります。ですから老年期の現実や悩みを否定するのではなく、むしろそれを受け入れてそのための準備をし、神様の恵みによって、それを神様のご計画の一部として歓迎する方がはるかに優れています。

人生が減速するとき

私たちが年を重ねるにつれて生じる変化を一言で表現するとすれば、恐らく「衰え」という言葉を使わざるを得ないでしょう。疑う余地のないことは体力の衰えであり、以前できていたことを行う能力の衰えです。徐々に筋肉はこわばり力がなくなっていきます。移動能力が衰え、聴力も視力も劣化していき、反応力も衰え、スタミナが徐々になくなっていきます。私の願いとは裏腹に、九十二歳の私は自分一人で椅子から立ち上がることができません。数年前に私のかかりつけ医が歩行器を用いることを強く勧めてくれました。私がバランスを失って転倒しないためです。そのような忠告を無視することは愚かなことと言わざるを得ないでしょう。

年齢を重ねるごとに、気力が減退して行きます。何をするにも時間が長くかかるようになります。病気や活動からの回復期間も長くなります。「老人になることで驚いたことは何ですか？」と尋ねられたことがありました。少し考えてから私は次のように答えました。「力がなくなること、持久力が全くなくなるということです」と。衰弱した身体にとって、障害や苦痛は招かれざる客ですが、そのような客は出て行こうとせず、かえって居座り乗っ取ろうとするのです。

人生のこの段階におけるもう一つの現実は、友人や家族の者が病気になったり亡くなったりするのを見なければならないということです。知人の誰かの病気か、死亡の知らせが私のところに届かない週はほとんどありません。しかしこれは老人に限ったことではありません。かつては老人病だと思われていた病気を診断される若者が増えてきているように思われます。パーキンソン病が多くの若い人々の身体を蝕んでいます。成人した子どもの面倒を見るために実家に連れ戻している親たちをたくさん知っています。

高齢者がそのような打撃を受けた若者から大切なことを学んだケースもあります。一人の若者のことが思い起こされます。彼は三十歳の働き盛りでありました。わくわくするような将来が計画されていました。ある日、彼が高速道路で車を運転していた時、胸に痛みを覚えて車を路肩に寄せて止めました。ひどい痛みが治まった時、彼は自分で病院まで運転して行き、そこで数日後には心臓の回りを悪性の腫瘍が取り囲んでいると診断されたのです。手術や治療を受けたそれからの数カ月間、彼の生きる姿勢がミシガン大学の医師たちを驚かせたのです。彼は顔立ちの良い若者でした。管や針や強い投薬にもかかわらず、彼の顔は輝いていました。彼の力がどこから来るのかと医師たちに尋ねられた時、彼はキリストの証しをすることができました。医師たちは彼にあまり望みを与えることはできませんでしたが、奇跡が起これば助かると言って彼を励まそうとしました。彼はすばらしい確信に満ちて医師たちを見ながら次のように言いました。「先生方。僕はどっちに転んでも納得のいく優勝決定戦を闘っているのです。もし生き延びることができれば満足、もし死ぬならそれも満足なのです」と。まもなくして彼は主イエスと結ばれるというすばらしい確信を持って召されました。そして彼はミシガン大学医療センターで今でも語り継がれる信仰の証しを残して逝ったのです。これこそ私たちすべての者が学ぶことのできる教訓です。

重篤な疾病が高齢者に大打撃を与えることは疑問の余地がありません。私たちの身体が老化し衰えるのと同じように、私たちの心もまた衰えます。現実にはこの二つは互いに緊密な関係にあります。年を重ねると共に、身体的変化が身体の他の部分と同じように脳にも変化を及ぼします。そのために軽い物忘れや認知症やアルツハイマー病を引き起こしたりします。

アルツハイマー病は残酷な病気です。レーガン元大統領を見舞ったときにいつも覚えた悲しみを今でも忘れることができません。この病気が元大統領の思考を強く支配したため、人が誰であるか全く分からず、自分が大統領であったことさえ思い出すことができませんでした。私が最後に元大統領にお目にかかったのは、ナンシー夫人の招きでカリフォルニア州のベル・エアにあるお宅の庭にお邪魔した時のことでした。最初、居間でナンシー夫人と少しお話しをした後で、夫人は私にレーガン氏に挨拶をしてくださいませんか、と訊かれたので、私は即座に応じました。明るいカルフォルニアの日差しに照らされている庭に出ました。一人の看護師が元大統領にお昼ご飯の介助をしていました。私どもが挨拶をした時、元大統領はナンシー夫人や私のことが分からなかったようです。短い（そして一方的な）会話の後で、ナンシー夫人が私に祈りを導いてほしいと求められました。それは私が元大統領ご夫妻を訪問した時はいつもしていたことでした。ワシントンであろうとカルフォルニアであろうと同じでした。その後、ナンシー夫人が私を車まで見送ってくださった時、私は彼女に訊きました。「元大統領は私のことが分かったと思われますか」と。彼女は応えました。「あなたが祈られるまでは誰だか分からなかったと思います。でもあなたが祈っている声を聞いて、誰が自分のために祈っているか分かったと思います」と。

これと同じような話を聞いたことがあります。ある作家が最近、認知症の症状で苦しんでいる彼女の父親の様子を語りました。父親は何カ月も口を利いていなかったし、彼女の名前を呼んだこともありませんでした。けれども父親が亡くなる少し前に、彼女が父親の手を取り、主の祈りを唱え始めた時のことです。父親ははっきりと彼女と一緒にすべての言葉を唱えたのです。

愛する人の記憶が無慈悲にも徐々になくなっていくのをどうすることもできずに見守らねばならないことは、きっと人生における最大の苦しみの一つであるにちがいありません。それを耐え忍んでいる人々のためには私たちは慈しみと祈りをもって応援するのが当然だと思います。

私たちが皆、加齢と共に経験するたまの物忘れは深刻なものではありません。それは私たちがもはや以前のような若さを持っていないことを思い出させてくれるだけです。最悪の場合でもそれはちょっと恥をかくだけですし、好意的に見ればユーモラスなこともあります。数年前、あるイベントの主催者が受付で私を紹介してくれていました。その人は私と同年配の男性で、古くからの知人でした。彼はそこにいた人々に私たちが共によく知っている共通の友人を通して最初出会ったという話をしていました。「彼の名前は」と彼は言ったものの、「あ〜、え〜と、ここまで出てるんだけど…。彼の名前は自分の名前と同じ位よく知っているはずなのだが…。えーと、え〜と」と言ってあえぎながらついに私に尋ねました。「ビリー、彼の名前は一体なんだったっけ」と。ところが私も思い出せなかったことを告白せざるを得ませんでした。私たちは共に加齢に伴う物忘れを大笑いしたのでした。数分後にその名前を思い出した時は自分たちの心配が和らいだことでした。

隠れている危険が表面化する時

私たちは次のような多くの聖書のみことばの中に自分自身を見ることができます。

あなたが押し流すと　人は眠りに落ちます。
朝には　草のように消えていきます。
朝　花を咲かせても　移ろい
夕べには　しおれて枯れています。（詩篇九〇・五―六）

この詩篇の作者の描写はとても現実的だと思います。しおれて枯れるというのはまさに、私が出会ったすべての老人たちが時として感じる状態です。この私を含めて…。

老齢期の身体的また精神的影響は明らかですが、老齢期はそれほど明らかではない形で私たちに影響を与えることがあります。それは年を取ることに対する感情的また霊的反応です。私たちが注意していないと、これらが簡単に私たちを圧倒してしまうことがあります。これらは腰の骨を折るとか、物忘れのように明らかではないため、気がつかない間にしばしば私たちの人生の中に忍び込むことがあります。

隠れている危険とは一体どのようなものなのでしょう。明らかにその一つは恐れです。病気になるかもしれないという不安や、次第に大きくなる障害や孤独や経済的ストレスに直面すると、一体どうなるのだろうと当然心配になります。しかし、心配が私たちを圧倒し、あまりにも心配に飲み込まれてしまって、その原因となった事柄が私たちの思いを占領してしまうことが時として起こります。過ぎ去っていく一時的な心配ではなく、慢性的でしつこい恐れや不安に牛耳られてしまうこともあるのです。

もう一つの隠れた危険は恐れや不安に関連のあるものです。それは鬱状態です。人生を振り返ってこれまでやってきたあらゆることを考え、もうこれからは二度と行うことができないと考えるとがっかりしてしまいます。医師たちが言うには、鬱病は多くの高齢者が直面する最もありふれた（そして最も深刻な）問題だということです。ただし鬱病はしばしば察知されずにいることがよくあるのだそうです。疲労感とか物忘れとか孤独感といったよく見られる鬱病の症状は治療が可能なのですが、老化現象だということで簡単に片づけられてしまいます。

また別の形の隠れた危険は怒りです。自らの人生のコントロールを失うことを誰も望みません。私たちは皆年を重ねると共に、自立して居続けたいものです。ところがしばしばそれができないのです。そのことを受け入れることが難しいのです。「母がこんな風になったのを今まで見たことがありません」とある方が私に告げました。「母は以前はとても優しかったのですが、今では私が母の部屋に入るたびに私に突っかかってくるのです。どうしてそうなるのか分かっています。母はもう自分の家を離れ、身の周りの世話を他の人に頼らざるを得ないことが大嫌いなのです。他に選択肢がなかったのです」と。無数の人たちが彼と同じことを言っていることでしょう。時には怒りは他人に向けられるだけでなく、神様に対しても向けられることがあります。「もし神様が本当に私を愛しているのなら、こんなことが起こるはずがない」と言うのです。一人の友人が最近次のようなことを言いました。「人は年を重ねると共に、ますます良い (better) 人間になっていくか、それともますます苦々しい (bitter) 人間になるかのどちらかです」と。残念なことに、苦々しくなる場合が多いのです。

さらに別な危険が年を取るにつれていつの間にか忍び込みます。深い孤独感、見捨てられたという感情です。「だれも私のことをかまってくれる人がいません」と老人ホームにいる一人の女性がかつて私に言いました。子どもたちはあちこちに離れて住んでいて、めったに訪ねてきてくれません。私はしばしば泣き寝入りしています。とても孤独です」と。私は彼女に同情しましたが、その老人ホームにいる他の人たちも彼女と同じような状況に置かれているのでした。

時として老人たちは孤独のゆえに軽率な決断をすることがあります。例えばあまりよく知らない人と結婚するとか、セールスマンが親切にしてくれるという理由で必要でもない物に多額のお金を支払うとかです。随分以前のことですが、私の叔母がフロリダ州のオーランド市に住んでいました。彼女は一度も結婚したことがありませんでしたが、一生の間に彼女はかなりの資産を蓄積していました。後で分かったことですが、彼女の晩年に一人の男が優しそうにして彼女の友だちとなり、彼女の信頼を勝ち取っていきました。やがてその男は彼女に不動産を売却して投資に回すように説得したのです。彼女が亡くなる前には、彼女のお金はほとんど消えていました。男は彼女の孤独を巧みに利用したのです。

最後にもう一つ危険があります。それは私たちが自分の問題や心配事にあまりにも心が奪われて他の人のことが考えられなくなるということです。特に気難しい患者の世話をした後で一人の看護師がかつて私にこう言いました。「病人ほど自己中心の人は他にいません」と。残念ながらそのような場合がしばしばあります。時として私は自分の心を占領している問題から無理やり心を引き離し、他の人々の必要に思いを向ける必要があります。ヨブも同じような問題をかかえていました。苦痛と悲しみのゆえに彼はかつて他の人たちが悩んでいる時に励ました霊的真理をすっかり忘れていたのです。

彼の友人の一人が彼を優しくたしなめました。

見よ。あなたは多くの人を訓戒し、
弱った手を力づけてきた。
あなたのことばは、つまずいた者を起こし、
くずおれる膝をしっかりさせてきた。
しかし今、これがあなたに及ぶと、
あなたはそれに耐えられない。
これがあなたに至ると、あなたはおじ惑う。
あなたの敬虔さは、あなたの確信ではないか。
あなたの誠実さは、あなたの望みではないか。（ヨブ四・三―六）

キリストに思いを集中する

生きるための活力を奪ってしまうこれらの危険にどうやって立ち向かえばよいのでしょうか。神様のみことば、聖書の約束によって日々引き上げていただくことです。絶えず祈りを通して神様に立ち

返りなさい。神様があなたの祈りを聞いておられるだけでなく、今この時、主イエスがあなたのためにとりなしていてくださるという確信に立つのです。あなたの思いをキリストに集中させて、あなたを励まし助けてくれる他の信徒たちとのつながりを保ちましょう。聖書のみことばは真理です。「死も、いのちも、御使いたちも、支配者たちも、今あるものも、後に来るものも、…そのほかのどんな被造物も、私たちの主キリスト・イエスにある神の愛から、私たちを引き離すことはできません」（ローマ八・三八―三九）。

妻のルースが亡くなる前の数週間、これらのみことばを何度も繰り返し口にしていました。ルースはいつも他の人たちのことを考えていました。彼女が喜びをもって人生を過ごした秘訣がそこにあります。彼女は決して自分の問題に集中することなく、キリストに思いを向けていました。するとキリストはだれか励ましの言葉や耳を傾けてくれる人を必要とする人の所へ彼女をいつも導かれたのです。

私の妹のキャサリンは亡くなる数年前から老人ホームに暮らしていました。彼女は移動が困難になり、健康状態は虚弱でした。けれども彼女はそこに暮らしているすべての入居者を知っていて、その人たちの心配事に忍耐強く耳を傾けていました。彼女はキリストのいつくしみを示して、信仰の証しをするチャンスをたくさん作りました。主は彼女の弱い時にも彼女を用いられたのです。

八十六歳になる一人の婦人について聞いたことがあります。この方は消耗性疾患に罹っていましたが、日曜日の教会の後で地元の老人ホームに行きお年寄りを見舞い、聖書を読んでお祈りをしてあげていました。彼女は毎週その日を楽しみにしていました。この方も他の人々のことに関心を寄せていたのです。

九十六歳になる一人のおばあさんは「一人で家にいる時間がたくさんあります」と言っていました。「それで私は椅子に座って祈りのリストを一つずつ祈っていくのです。驚くことにあまりにもたくさんの人々のために祈っているので、時間が足りないほどです」と。

もうすぐ百歳になろうとする別の婦人は毎週「老人たちのために」給食宅配サービス（Meals on Wheels）の手伝いをするのを楽しみにしています。この方も他の人々のことに思いを寄せています。主は他者を祝福する人たちを祝福してくださいます。そして、神様を喜ばせる事柄に関心を寄せている人々に恵みを授けてくださいます。

年を重ねるにつれて生きることは難しくなります。けれども老年期には特別な喜びもあります。家族や友人たちと過ごす時の喜び、かつての責任から解放される喜び、かつては見過ごしていた小さいものを愛でる喜びなどがあります。しかし、とりわけ日々、キリストの御手にゆだねることを学ぶとき、老年期はキリストにますます近づく時となり得るのです。それこそ人生の最高の喜びです。

神の力によって御国に近づく

真の喜びは主イエスに信頼するところから生まれます。主イエスこそ、私たちが弱い時に力を与えてくださるお方です。なぜなら私たちが弱い時にこそ主イエスは強いからです（2コリント一二・一〇）。自分たちの家の中を整理整頓することは大切ではありますが、神様のことを私たちの思いと行いの中心に据えることを忘れないようにしましょう。預言者ハガイの心の中にあったことはまさにこのことです。ハガイはおよそ七十歳の時に、旧約聖書の中で二番目に短い書を書きました。ハガイは主によって心が揺り動かされ、バビロン捕囚の後、エルサレムの神殿を再建する志が与えられました。次に彼は神様の民の心を揺り動かし、神様の家を祖国で廃墟のまま放置していることで彼らを非難したのです。「あなたがたの現状をよく考えよ。…あなたがたは多くを期待したが、見よ、わずかであった。…それはなぜか。…それは、廃墟となったわたしの宮のためだ。あなたがたがみな、自分の家のために走り回っていたからだ」（ハガイ一・七―九）。

この二章から成る書が私の心を揺さぶるのは、ハガイの非難だけでなく彼の励ましの言葉です。ハガイは神様の関心事に取り組み、神様の家を建てるために神様の民を結集した時、彼らに次のような希望を与えました。「強くあれ。…わたしがあなたがたとともにいるからだ」（ハガイ二・四）と。

私たちは個人的な関心事を上手に整えることができるかもしれませんが、もっと大事な事柄（つまり、私たちの霊的な事柄を整えること）を犠牲にしているなら、私たちは人生の喜びや目的を見過ごしてしまいます。「知恵のある男は力強い。知識のある人は力を増す」（箴言二四・五）と聖書は語っています。力は神様の知恵の中に見出されるのです。私たちが若者であろうと老人であろうと、神様の知恵をいただくことができます。

あなたは自分を縛りつけるこの世の事柄に取り組むことだけに関心があるのでしょうか。それともキリストをあなたの人生の中心にいただき、キリストと共に永遠に生きるという確信を持っているでしょうか。そこでは希望が現実のものとなるのです。あなたの力は次第に衰えるかもしれませんが、キリストこそがあなたを引き上げて、あなたの弱さの中であなたを強く立てるように助けて下さるお方です。あなたの信仰が次第に弱くなる時、これまで神様があなたのためにしてくださったすべてのことを思い出して、主に祈ってごらんなさい。そして、強く立ってください。なぜなら、「わたしの霊はあなたがたの間にとどまっている。恐れるな」（ハガイ二・五）と約束されているのですから。

第六章　死が向かう所

死人が神の子の声を聞く時が来ます。…それを聞く者は生きます。

（ヨハネ五・二五）

私は今もなお死者の国にいるが、まもなく生者の国に入るであろう。

（ジョン・ニュートン）

インターネットのあるサイトに次のような見出しがありました。「死はこの国の最大の殺し屋だ」というものです。言いたいことは明らかです。死は誰も免れることができないということです。だれも死から逃げ切ることはできません。死はついにはすべての者に追いつきます。二〇〇六年にニューズウィーク誌によるインタビューを受けた時、死について私の考えを聞かせてほしいと求められました。その時私は次のようにコメントしました。私は「一生を通じてどのように自我に死ぬかと教えられてきたけれど、どのように老いていくかについては誰からも教わらなかった」と述べたのです。私の言ったその言葉が多くの関心を呼び起こしたので、このような書物を書くことを考え始めました。

確かに私は老いというテーマの専門家ではありませんが、老いというものを今現在、多少経験しているので、加齢と共にすべてが良くなるものではないことを認めざるを得ません。伝道者の書一二章の次の箇所を読む時、私はあらためて感謝を覚え、新たな理解を見出します。

あなたの若い日に、あなたの創造者を覚えよ。
わざわいの日が来ないうちに、…（伝道者の書一二・一）

若い説教者であった頃にこの個所を読んだ時、今ほどには自分のこととして受け取れなかったと確信をもって言えます。今私にとって印象深いことは、イスラエルを治める王の中でも最も知恵のあったソロモンが、「若い日に、…わざわいの日が来ないうちに」と言って、若者に読んでほしいと意図していたことです。

私が若かったころは、老いるということを想像することができませんでした。私の母が言い、医師も確認したことですが、私には異常なほどのエネルギーがありました。それは青年期まで続きました。中年期には、身体的疲労感に対処しましたが、私の思考は常にフル回転していましたし、過酷なスケジュールの後でも身体的スタミナがよみがえるのにさほど時間はかかりませんでした。今では考えるだけでも疲れてしまいますが、あのようにびっしり詰まったスケジュールをどうやってこなしたか不思議です。私は老いとあらゆる面で闘いました。定期的に運動もしましたし、老いが忍び寄ってくるのを感じ始めた時は、仕事のペースを落とすように気もつけました。老いは歓迎できるものではなく、私はやがて来るであろうことを心配し始めました。

ところが私の妻ルースは心の重荷を軽くすることのできる人でした。特に私の心を軽くしてくれました。彼女が自分の墓碑銘に何を刻みたいか発表した時のことを決して忘れることができません。そして、ビリー・グラハム図書館にある彼女の墓を丁重に訪ねてくださる方々は、彼女が計画した墓碑銘がその通りに刻まれていることを見てくださっています。

彼女は寝たきりになるずっと以前、高速道路を運転していて、ある工事区間を通っておりました。迂回路や一マイルごとにある注意書きに沿って注意深く運転していて、最後の注意書きの所に来ると、こう書かれていました。「工事区間の終わり。ご協力をありがとうございました」と。家に帰ってきた彼女は笑いながらその注意書きのことを家族に話しました。「私が死んだ時は、あの言葉を私の墓に刻んでちょうだい」と。彼女は明るく話していましたが、そのリクエストを真面目に言ったものでした。私たちが忘れないようにと、わざわざその言葉を書き止めました。彼女のユーモアは楽しいものでしたが、その言葉を通して彼女が伝えてくれた真理に私たちは感謝したものです。すべての人は生まれた時から死ぬ日まで「工事中」です。人生は過ちから学習したり、待ち望んで成長したり、忍耐を実践して根気強くなったりすることで成り立っています。そのような「工事」の終わりに死が来ます。そこで工事が完了します。

あなたこそ　私の内臓を造り
母の胎の内で私を組み立てられた方です。…
私が隠れた所で造られ
地の深い所で織り上げられたとき
私の骨組みはあなたに隠れてはいませんでした。
あなたの目は胎児の私を見られ
あなたの書物にすべてが記されました。
私のために作られた日々が
しかも　その一日もないうちに。（詩篇一三九・一三、一五―一六）

死が告げていることは、「これがあなたの達成した最終状態です」ということです。私たちの経験にそれ以上何も付け加えることはできませんが、キリストにある信仰者は救い主が次のように言ってくださるのを聞くことができるという希望を持っています。「よくやった。良い忠実なしもべだ」（マタイ二五・二一）と。

使徒パウロはクリスチャンとは「キリストのうちに根ざし、建てられ、教えられたとおり信仰を堅く」（コロサイ二・七）する者であると話されました。これが私たちの人生における継続中の工事です。けれども聖書は次のような確信を私たちに与えてくれています。「たとえ私たちの地上の住まいである幕屋が壊れても、私たちには天に、神が下さる建物、人の手によらない永遠の住まいがある」（２コリント五・一）という確信です。ルースが痛みで苦しむ身体から離れ、地上の工事が完成した時、永遠の平安を見つけました。今、彼女の住まいは永遠の住まいです。

ノースカロライナ州西部の山々には高速道路があって、長年の間工事中になっています。そこは荒涼とした地形です。ノースカロライナ州の交通省では岩やめちゃくちゃになっている木の根を爆破して、高地へ続くきれいな道路を切り開く仕事をしています。車両は土石流に巻き込まれたり、道路の一時閉鎖に引っかかることもあります。道路は山間部を曲がりくねっており、運転手が迷路のような山道で迷わないために、「注意して運転するように」という道路標示の看板が夜も点滅しています。山間部の頂上に住んでいるドライバーたちが、「工事区間の終わり」という喜ばしい看板を見ると、もうすぐ自分たちの家だと分かります。その地方に住んでいる多くの親たちを知っていますが、彼らは十代の子どもたちがその山間部を運転しながら坂を上ったり下ったりしている間、自宅でそわそわしているのです。子どもたちがそれぞれの目的地に無事に着いたと知るとやっと安堵するのです。

人生は危険な道を旅するようなものです。道にできた穴もあれば、道から外される迂回路もあり、「この先危険あり」という警告の標識が出ている時もあります。私たちの魂と霊の行先は神様にとって最も重要なことですから、神様は私たちに日々導きを与えてくださいます。神様の標識に深く注意を払う人もいれば、点滅する標識を無視してスピードを上げ、走り去って行く人もいます。しかし、誰もがいつか最後の目的地に到達します。それは死という入口です。そこで魂が身体から離されます。

十字架の上においてさえイエス様は、死は魂が神様の臨在に入る通過地点であることを教えられました（ルカ二三・四六）。詩篇の作者は次のように述べました。「神は私のたましいを贖い出し　よみの手から　私を奪い返してくださる」（詩篇四九・一五）と。あなたは自らの魂を創造主の御手の中にゆだねましたか。あなたは神様のガイドブックである聖書全体の中で神様が与えてくださっている注意を促す標識を守っていますか。「直ぐな人の大路は悪から遠ざかっている。自分のたましいを守る者は自分の道を見張る」（箴言一六・一七）。

あなたは次のように言っておられるかもしれません。「でも、先生。私はもうすぐ人生の終わりを迎えます。私は悪人ではありませんでしたよ」と。死というものを熟慮した時、このように語った人は老いも若きも大勢います。しかし、神様のみことばの真理を語るのが私の使命です。「すべての人は罪を犯して、神の栄光を受けることができず」（ローマ三・二三）と聖書に書かれています。

ビリー・グラハム図書館を訪問した、ある婦人が一つの話を伝えてくれました。「私の優しい母は七十六歳ですが、私の目から見ても何一つ間違ったことをしたことのない母です。その母が聖書にある通り、すべての人は生まれながらにして罪びとであると私が信じていることで悩みました。私は何年間も祈りました。母が自らの罪に気がつくようにと、そして悔い改めてキリストの救いを知り、キリストと共に永遠に住まう希望を持つことができるようにと祈りました。母が臨終の床にあるという連絡を受けた時、私はヨーロッパからフロリダ州にある母の家に直行しました。母は私の手を取り言いました。『あのね、私が死んでも悲しまないでね。主イエスが私を救ってくださったから』と。『お母さん、一体何があったの？』『お母さんはね、自分の世話が自分でできなくなってこんな風にベッドに寝たきりになった時、ついに自分の寿命に達したと気がついたの。自分の命をもはや自分でどうすることもできなくなって、自分の家にいながら喪失感を味わったわ。そんな時、訪問看護に来てくれていた看護師が忍耐強く本を読んでくれたの。時々聖書からも読んでくれたわ。『義人はいない。一人もいない』（ローマ三・一〇）、『今、あなたがたは心とたましいを傾けて、あなたがたの神、主を求めよ』（1歴代誌二二・一九）、『人の子は失われた者を探して救うために来たのです』（ルカ一九・一〇）などのみことばを。』あの時のことは私の記憶から決して消えることはないでしょう。私の母を誠実に主イエスに導いてくださったそのすばらしい婦人にお会いした時、その方のバイタリティにびっくりしました。彼女は私の母と同い年だったのです。神様は年齢に関わりなく私たちを用いて他の人々にご奉仕させてくださるということを知って、とても励まされました。私たちを神様に差し出せばよいのですね」と。

聖書は「真実な証人は人のたましいを救う」（箴言一四・二五）と語っています。生きている人々にはキリストの証しを行うチャンスがなくなるということは決してありません。問題は、この訪問看護師が行ったように、私たちに訪れる証しのチャンスを生かすかどうかということです。死は時々突然、予期しない形でやってきます。「別れの言葉を言うチャンスもなかった」という嘆きを私は何十回となく聞いてきました。それよりもさらに悲劇的なことは、福音を分かち合う最後のチャンスを失ってしまった、と知ることです。

高齢になればなるほど、その方たちの死というものに回りの人々はそれほど驚かなくなりますし、長い期間をかけて徐々に身体が衰えて行くケースが多くなります。家族が集まって、召されようとしている人と臨終の床で一緒に過ごす時さえあります。ルースの場合はそうでした。「奥さまのお身体がシャットダウンし始めています」と医師が私に正直に申しました。「彼女が亡くなるまでに数日あるかもしれませんが、そのプロセスが始まりました。ですから、心の準備をしてください」と。二週間後、彼女の息づかいがさらに浅くなってきた時、私たち家族は彼女のベッドの回りに集まりました。私はルースのベッドのすぐ脇に座り、その手を握っていました。そして娘のアンが私のすぐ横に立っていました。突然アンが、「お母さんは天国に移ったわ」と言いました。ルースの息は止まっていました。そしてその手は私の手からすべり落ちました。彼女の長い苦しみが終わったのです。ルースは彼女の終（つい）の住処に移りました。

最後の数カ月の記憶は一生私の心に留まるでしょう。次第に衰えていく彼女の身体、その苦しみ、その愛情の表現、共に祈った時間、そして、彼女が何十年もの間、愛しお仕えした主のご臨在の中にまもなく入るという確信と喜び。それらの日々を振り返る時、慣れ親しんでいる詩篇二三篇のみことばが新しい意味をもって私に臨みます。地上での時間が終わろうとしていることを感じた時にルースが持っていた確信を、そのみことばが表現してくれているからです。「たとえ、死の陰の谷を歩むとしても　私はわざわいを恐れません。あなたが　ともにおられますから。あなたのむちとあなたの杖　それが私の慰めです。…まことに　私のいのちの日の限り　いつくしみと恵みが　私を追って来るでしょう。私はいつまでも　主の家に住まいます」（詩篇二三・四、六）。

悲しみと共に生きる

この本を書いている現在、ルースが主イエスのみ許に帰ってから四年が経ちます。彼女が私の書斎の戸を開けて入って来たり、かつてしばしばしていたようにポーチに一緒に座って夕日が山々のかなたに沈んでいくのを手をつないで眺めたりすることを想像しない日は一日もありません。

どうしてこのようなことになるのか自分に問いかけました。愛する者を失った悲しみは時と共に薄れるのではないか。薄れるべきだと思うし、ある意味、私の場合も薄れはしました。しかし別な意味では薄れてはいませんし、そうなることを期待もしていません。私が思うに、その理由の一つは、彼女が召された時の最も印象に残る記憶が、最後の数日間のものであったことです。彼女の身体的衰弱、苦痛、天国への憧れなど。彼女にずっと生きていてほしかったのですが、彼女にとって死はこの人生の重荷からの歓迎すべき解放であることも私には分かっていました。しかし、時の経過と共に、六十三年以上の幸せな結婚生活の思い出がよみがえってきます。私の伝道旅行の回数が少なくなり、二人だけで一緒に時間を過ごすことが多くなった晩年を思い出します。その日々は私たちの人生にとって最もすばらしい時間でした。まるでもう一度恋に落ちたような経験でした。そしてそのような記憶と共に、もう彼女はここにいないという深い悲しみがやってくるのです。

彼女の死をいまだに強く感じるもう一つ別な理由は、私が思うに、悲しみと入り混じって新たな希望があるからです。いつかまもなく主イエスが私をも迎えに来てくださり、やがてルースともう一度天国で結ばれるという確信をいただいているからです。これまで以上にその日を待ち望んでいます。

愛する者を失う悲しみ

悲しみは現実です。「愛する者たちはすばらしい天国へ行ったのだから」悲しんではならない、という人たちは、愛する者が亡くなった時に心の中に残されるとても大きな穴を一度も理解したことがないのでしょう。確かに愛する人々は天国にいるのだから一層幸せなのかもしれません。でも、私たちは幸せではありません。私たちの人生の大きい部分が切り裂かれたのです。そして、大きな外科手術から回復するためには時間がかかると同じように、愛する者を失った寂しさから癒されるためには時間がかかります。パウロがテサロニケの信徒たちに書いたことは真実です。「あなたがたが、望みのない他の人々のように悲しまないためです」（1テサロニケ四・一三）。それでも私たちはやはり悲しみます。またそれでいいのです。イエス様は友人のラザロをすぐによみがえらせるおつもりではあったけれど、彼の墓の傍に立って涙を流されました（ヨハネ一一・三五）。

私の体験はあなたの体験とは異なっているかもしれません。しかし、悲しみはやがてすべての人に訪れます。あなたはまだ伴侶の死というものを経験したことがないかもしれません。親とか祖父母とか、あなたの近親の者の死をも経験していないかもしれません。それに対して、心臓発作とか事故とかで子どもや親せきの者や伴侶が突然あなたから奪われるといった、残酷で悲劇的な形で悲しみがあなたの人生に訪れたかもしれません。私たちの経験がどのようなものであれ、聖書のみことばは真実です。

すべてのことには定まった時期があり
天の下のすべての営みには時がある。

生まれるのに時があり、死ぬのに時がある。(伝道者の書三・一―二)

悲しみに対処するには

悲しみにどのように対処すればよいでしょうか。私の助けになった四つのステップをお伝えしましょう。ルースの死を悲しんだのみではなく、私の両親や私の兄であり親友でもあったメルビンや、妹のキャサリンやルースの母や父、その他過去何十年の間に亡くなった親戚の者や友人たちを亡くしたときの悲しみに対処してきたからです。

自分の感情を受け入れる

まず最初に、悲しみに驚いたり、それを否定したり、悲しみを感じることに対して良心の呵責を持ったりしないようにしましょう。愛する者が亡くなることが分かっていたとしても、いなくってしまうと寂しくなるものです。もし愛する者の死が予期しない時に忍び寄ってきて、あなたに不意打ちを食らわせても、驚いてはいけません。

「夫が昨年召された後、私は悲しみを乗り越えたと思っていました」と一人の婦人がかつて私に手紙で書いてこられました。「ところが数日前、夫のことを思い出させるような人が私の横を歩き去って行った時、突然、涙があふれ出たのです」と。

悲しみはプロセスです。愛する者の苦しみが終わって今は安心して天国にいることは分かっていても、一夜にして悲しみが過ぎ去っていくものではありません。私たちの愛する者が亡くなると、最初は無感覚になるかもしれません（特にその死が想定外であった場合など）。人々は私たちが悲しみに上手に対処しているとコメントすることさえあるかもしれません。ところがしばらくすると鈍くなっていた感覚が戻ってきて、何が起こったかという現実が私たちを強い容赦のない悲しみに追いやる場合があります。悲しみを一度も経験したことのない人々がこれを理解してくれなくても、だからといって自分が異常だと思うべきではありませんし、感情を否定して何も問題がないというふりをすべきでもありません。伝えられるところでは、ある婦人が次のように言ったということです。「私は人々に言ったものです。どうして私の友人が彼女の母親の死をいつまでも悲しむことをやめて、パッと気分転換しないのか分からない、と。でも、私の兄が亡くなった時、はじめて私にも理解できました」と。

未来を見つめる

悲しみの時期に私にとって助けとなった第二番目は次のことです。過去だけに思いを集中しないで、心と思いを将来にも向けるということです。親しい者が亡くなると、当然私たちはその人がそれまで自分たちにとっていかに大切であったかということに思いが集まります。一緒に過ごした楽しい時間を思い出し、苦しかった時にもいかに愛が自分たちを結びつけてくれたかを思い出します。また、死というどうすることもできない過酷な現実を感じ、過去は永遠に過ぎ去り二度と戻って来ないことを今までになく痛感します。このように感じることは間違っていることではありません。実際のところ、ごく自然なことなのです。友人たちや親戚の人々の訃報の知らせが来た時、ルースはしばしば言ったものです。「(主の御許に帰ったのだから)良かったとは思うけど、私たちは悲しいわ」と。

しかし時間の経過とともに、私たちは自らの思いを自分たちの未来へと向ける必要もあります。これは容易なことではありません。これから何カ月あるいは何年間、感じるであろう心の痛みと虚しさに直視したくないのです。過去の思い出に思いを集中する方が易しいのです。しかし、依然として私たちを愛し私たちを必要としている人々がいますし、私たちには責任があります。とりわけ、神様との関係が終わったわけではありません。神様には依然として私たちの残りの人生に対するご計画があります。霊的な旅路に関するパウロの次の言葉は、私たちが悲しんでいる時にも当てはまります。「ただ一つのこと、すなわち、うしろのものを忘れ、前のものに向かって身を伸ばし、キリスト・イエスにあって神が上に召してくださるという、その賞をいただくために、目標を目指して走っているのです」(ピリピ三・一三―一四)。

しかしながら、私たちが避けたいと思われる形で将来が割り込んでくる時もあります。誰かが亡くなった後ですぐに片づけないといけない法律的あるいは金銭的な事柄にだれも向き合いたくないものです。伴侶のクローゼットや机の整理の仕事をしたい人はだれもいません。ルースが亡くなった後で、私の子どもたちがこのような現実的なことを進んで助けてくれたことに感謝しています。その一方で、後で後悔するような決定をよく考えることなく慌ててしてしまうことのないようにしましょう。

私たちの心と思いを将来に何とか向けて行くということは、起きてしまったことを受け入れ、少しずつ、その現実と共に生きることを学んでいくということです。また私たちの日常的な活動や人々との接触を再開するという意味でもあります。一度に全てというわけではありませんが、いずれにしても引きこもろうとする誘惑と闘うということです。私たちの側で意図的に意志の力を働かせて日常的ルーティーンを再開するということで、そうすることは重要な事です。「だれも私の気持ちを分かってくれる人はいない」という言葉は親しい者を失った人が共通して感じる思いです。しかし、たとえそれが真実であったとしても、孤立したり不活動になったりする言いわけにしないようにしましょう。

他者を助ける

悲しみが癒される第三番目のステップは次のことです。やがてあなたの助けを必要としている他者に手を差し伸べ始めることです。私は以前ある牧師が説教をいつも次のような言葉で締めくくったということを聞いたことがあります。「忘れないでください。今週あなたが出会う人々はすべて重荷を背負っているということを」と。年月を重ねるにつれてこれが本当だと分かってきました。何らかの問題か重荷で気が重くなっていない人に私は出会ったことがありません。けれども神様はすべての人が重荷を担うのを助けたいと願っておられます。そして神様が助ける一つの方法は、重荷を一緒に担える人を遣わすということです。悲しみは大きな重荷ですから、自分一人で担おうとするのではなく、誰か他の人に助けていただいて担えるようにすることが必要です。

パウロは次のことを私たちに思い出させてくれています。「互いの重荷を負い合いなさい。そうすれば、キリストの律法を成就することになります」（ガラテヤ六・二）と。そして「喜んでいる者たちとともに喜び、泣いている者たちとともに泣きなさい」（ローマ一二・一五）と語っています。あなたの身の回りには重荷を負っている人たちがいます。ですから、神様はあなたの経験を用いて他の人々を励まし助けることがおできになります。今現在、あなたの教会や近所に悲しみという重荷を負っている人がいませんか。その方々の友人となれるように神様にお願いしてごらんなさい。他の誰よりもあなたがその人々の経験していることを理解できるはずです。そして、あなたの心配りによってその方々の重荷を軽くしてあげられるのです。その方々が必要としていることが、ただ耳を傾けてくれる人だという場合もあります。「私たちの主イエス・キリストの父である神、あわれみ深い父、あらゆる慰めに満ちた神がほめたたえられますように。神は、どのような苦しみのときにも、私たちを慰めてくださいます。それで私たちも、自分たちが神から受ける慰めによって、あらゆる苦しみの中にある人たちを慰めることができます」（2コリント一・三―四）。神様がこのようなお方であることを忘れないようにしましょう。そして、誰かに援助の手を差し伸べると、私たちはその方だけでなく自分自らをも助けることになるのです。なぜなら、私たちは自らの悲しみから目をそらす結果になるからです。

神様に心を向ける

悲しみに対処する最後のステップはやはり最も大切なものです。あなたの悲しみの重荷を神様にゆだねることです。神様はあなたの大変さをご存知です。そして神様はあなたを愛しあなたを助けてくださいます。神様は悲しみが何かご存知です。なぜなら、ご自身の一人子が殺されるのを見なければならなかったのですから。イエス様は「悲しみの人で、病を知っていた」（イザヤ五三・三）のです。そのイエス様が「悲しむ者は幸いです。その人たちはなぐさめられるからです」（マタイ五・四）と語られました。

神様はどのようにして私たちが悲しみに対処するのを助けてくださるのでしょうか。先ず、神様は私たちにご自身の臨在を確信させてくださいます。もし私たちがキリストを知っていれば、決して孤独ではありません。キリストは聖霊によって私たちの心の中に住んでくださいます。たとえあなたがキリストの臨在を感じなくても、キリストがいつもあなたと共にいてくださるという事実を変えることはありません。神様の約束はあなたに与えられています。

恐れるな。わたしはあなたとともにいる。
たじろぐな。わたしがあなたの神だから。
わたしはあなたを強くし、あなたを助け、
わたしの義の右の手で、あなたを守る。（イザヤ四一・一〇）

神様は私たちにご自身の約束を確信させてくださいます。神様には偽りがありません。聖書の全巻を通じて神様は「尊く大いなる約束」（2ペテロ一・四）を与えてくださっています。聖書の約束を読み、学び、覚え、信頼して、それらの約束があなたの魂の中で成長して実を結ぶようにしましょう。

ルースが亡くなってしばらくしてから、私は彼女の使っていた古い聖書の一つをぱらぱらとめくっていました。そこには何百もの聖句に下線が引かれていました。そしてしばしば欄外に短いコメントが書かれていました。特に詩篇のみことばにたくさんの下線が引かれていました。それらのみことばは神様が私たちの試練や悲しみや孤独の時に私たちと共におられるという約束を語っているものでした。あなたが悲しみのただ中にいるとき、日々神様のみことばに立ち返ってごらんなさい。そして、みことばの約束によって励ましと力をいただきましょう。次のことを忘れないようにしましょう。

あなたの重荷を主にゆだねよ。
主があなたを支えてくださる。
主は決して
正しい者が揺るがされるようにはなさらない。（詩篇五五・二二）

さらに神様はご自身のいつくしみを私たちに確信させてくださいます。私たちが愛する者を失う時、私たちが考えられることといえば大抵は自らの悲しみや、自分のこれからの生活がいかに虚しいものになるかということくらいです。神様が私たちから愛する者を奪ったと言って神様に腹を立てることさえあるかもしれません。そうしないで、私たちは神様の祝福を思い出して感謝の心を持ちましょう。愛する者の人生を感謝し、伴侶がいかに大切な存在であったかを感謝し、神様が伴侶と一緒に過ごす年月を与えてくださったことを感謝し、そしてとりわけ一人の救われた魂が神様の永遠のご臨在の中に移されたことを感謝しましょう。日々「感謝の心」を持つことは、私たちが悲しみから立ち上がり前進するために大きな力を発揮します。

友人たちの悲しみに寄り添って

あなたは今はまだ愛する者の死に対処する必要がないかもしれません。少なくとも実際に起きるまでは、そのようなことを考えることは少し怖いという感じを抱いているかもしれません。ところがあなた自身に関してしばらくはそのような悲しみに関係なくとも、身の回りの人々、友人とか、同僚とか、親戚とか、ちょっとした知り合いの人とかがそういった悲しみを経験することでしょう。あなたの個人的な問題でなくても、それらの人々が悲しみに対処するのをあなたはどのように支えることができるのでしょう。

悲しんでいる人を支えることは必ずしも容易ではありません。誇り高い人もいれば、非常に引っ込み思案の人もいます。私たちが力になりたいという思いを嫌がるかもしれません。しかし、一般的に言って、悲しんでいる人々をしばしば支えることのできる、少なくとも三つの方法を私は見出しました。

気にかけていることを知らせる

「父が亡くなるまでは、短いメモとかお見舞いのカードなどがどんなに大きな意味を持っているか、私は全く気がつきませんでした」と、ある男性が以前私に言ったことがあります。「私が思っていた以上に大きな意味がありました。人々が気にかけてくれているんだ、ということが分かったのです。それはとても励ましになりました」と。

気にかけていることはさまざまな形で表現することができます。葬儀の準備のお手伝いをすることから、亡くなられた方が自分にとってどれほど大切な人であったかをただお伝えすることまで、さまざまです。残された人々が最後の数週間から数日間に起きた出来事を語るのを聞いてあげることも支えることになります。長年の間、ルースは愛する者の葬儀に集まった地域のたくさんの家族に何百ガロンものホームメードスープを差し入れていました。何かお手伝いができることを探してみましょう。そして見つけたら、それが単に皿洗いであれ、来会者の受付であれ、進んでやってください。しかし慎重であってください。親しい友人でない人々に助けてもらうことを嫌がる人たちもいますから。

連絡を取り合う

誰かが亡くなった時、最初は立て続けに行事がある場合が多いものです。親戚の集まりとか、訪問客とか、お花が届いたりとか、お悔やみを伝えるために人々が立ち寄ったりします。しかし時が過ぎ去ると共に、人々の関心も薄れていきます。「最初はだれもが電話してくれたり立ち寄ってくれたりしました」と一人の婦人が私に手紙をくれました。「でもジムが召されてから6カ月になりますが、今では電話をかけて私の様子を尋ねてくれる人は一人もいません。まるで私は忘れ去られた人間みたいです」と。

これでいいはずがありません。特にクリスチャンの間では。聖書では「誠意とあわれみを互いに示せ」（ゼカリヤ七・九）と言われています。かつて会計士であった方が退職後、最近配偶者を亡くされた方々のために、理解しにくい保険とか法的文書の扱い方を支援しています。また別な人は週に何日か、最近配偶者を亡くした方々を診察の予約日に病院まで車で連れて行くボランティアをしています。

その人たちのために祈る

その人たちが神様の慰めを得ることができるように祈りましょう。彼らが必要としている平安と希望を得るために、キリストに心を向けることができるように祈りましょう。最近もしあなたが愛する者を失ったとして、誰かがあなたのために祈ってくれていると知ったら嬉しくないでしょうか。

神様の慰めをいただきつつ御国に近づく

死というものはいつか来ることが分かっていても、歓迎できるものではありません。それは私たちの人生を分断し、結果として悲しみをもたらします。死がもたらす痛みや虚しさや孤独を歓迎する人はだれもいません。しかし、神様は私たちを見捨てられているのではありませんし、深い悲しみのただ中にあっても、神様のみことばは今もなお真実です。「わたしは決してあなたを見放さず、あなたを見捨てない」（ヘブル一三・五）。これは悲しみと死に直面しても確信を与えてくれるすばらしい約束です。神様のみことばを通して、聖霊によって私たちの中にある神様のご臨在からこのような約束を汲み取ることができます。主イエスはまた他者を通じて慰めをもたらしてくださいます。ですから私たちは神様の慰めを求めて祈っている身の回りの人々を示してくださるように神様に求める必要があります。なぜなら神様はしばしばご自身のしもべを通して慰めをもたらされるからです。

パウロが手紙の中で彼と共に宣教のために仕え働いた人々に挨拶を書いている個所を読むと、私の心はいつも温かくなります。とりわけ次の言及は特に洞察に富んでいます。「主にあって選ばれた人ルフォスによろしく。また彼と私の母によろしく」（ローマ一六・一三）。ルフォスは期せずしてクレネ人シモンの息子に当たります。シモンはイエス様の十字架を担ぐように群衆から呼び出された人です。

聖書はパウロの両親について語っていません。しかし、この個所で使徒パウロがこの親愛な母親に感謝の念を示していることに感動させられます。彼女はシモンの妻であり、詳しいことは知らされていませんが、この年配の母親が宣教の働きをしていたパウロの世話をしていたことは明らかです。

パウロとルフォスがシモンの妻と一緒に会話をしていた時のことを想像できるでしょうか。彼女は夫が呼び出されてイエス様の十字架を担いでイエス様が死なれる場所に向かってカルバリの道を上って行った日のことを詳しく述べたことでしょう。パウロはダマスコに行く道を旅していた時のことをきっと詳しく述べたことでしょう。あの日パウロはクリスチャンたちを捕えエルサレムに連れ戻し、死刑に処すことが目的でした。主イエスによって奇蹟的に救われて、救いの福音を世界に伝えるために召された人パウロに息子のルフォスが仕えていることを知ったこの母親の喜びを想像できるでしょうか。彼女は明らかにパウロを自分の息子のように愛するようになり、聖書が記録しているように、パウロの心に大きな印象を残したのでした。この年配の母親がもし愛すべき使徒パウロに家庭と心を開いていなかったら、何という祝福を逃していたことでしょう。

自分自身の世話ができなくなっている高齢者が多い中で、さまざまな形で他者の世話が今でもできている高齢者も多くいます。他者を助け始めると、自分自らの重荷がそれほど重くなくなるということをしばしば見出します。私たちの選択が自らの運命を決めます。私たちが主イエスを人生の中心にいただく選択をするなら、人生の旅路は目的のあるものとなり、私たちが影響を与えることのできた人々といつの日か再会できるという希望に満たされるのです。

第七章　感化されやすい年代の人たちの心を動かす

私はあなたのうちにある、偽りのない信仰を思い起こしています。その信仰は、最初あなたの祖母ロイスと母ユニケのうちに宿ったもので、それがあなたのうちにも宿っていると私は確信しています。

（2テモテ一・五）

若者に賢い助言をすることは老人の義務である。

（作者不明）

「新しい世代の介護者が子どもたちの世話をする」という見出しが二〇一〇年のワシントンポスト誌に書かれていました。ピュー研究センターの調査に基づいたこの記事によると、現在では十人に一人の子どもが祖父母と暮らしているということです。メディケア（老人医療保険制度）や高齢者や社会保障制度や、老人の世話をする介護者確保の困難さなどに関するあらゆる論争がなされる今日の社会では、上のことは驚くべき役割の逆転です。この驚くべき統計に対していくつかの原因が挙げられています。親の失職や仕事を探すために自宅から離れざるを得なかったり、常勤の軍務についていたり、親が刑務所に収監されていたり、親を亡くした子どもたちであったり、薬物中毒の親に対する裁判所の差し止め命令であったり、独り親家庭の親が生命の危険に関わる疾病に罹っていたり、十代の女の子の妊娠であったり――と原因はまだまだ他にもあります。その記事の小見出しには「祖父母が救いの手を差し伸べる！」と声高に書かれてありました。

その記事の中に書かれている話は衝撃的なものです。一人の祖母は午前三時に玄関のノックに出てみると、玄関先に生後二カ月になる孫が置かれていたと報告しています。薬物中毒の母親がその子を置き去りにしたのでした。別な話では、孫の両親が自動車事故で死亡したために孫たちを育てなくてはならなくなった祖父が、退職することができなくなったことを不快に思うかと訊かれて次のように答えました。「これは私の義務です。息子の子どもたちの養育をだれか知らない人に任せるわけにはいきません。このような時のためにこそ祖父母がいるのではないですか？」と。将来の計画が侵害されることを嫌がる祖父母もいます。こういったことを祝福だと見る祖父母もいます。子どもたちにとって対処することが難しい感情的なトラウマの真っただ中で生活の安定を提供する機会に感謝している人たちです。ある祖父母にとっては、このような新しい役割はとてつもなく大きい経済的負担が伴います。多くの人々はわずかな収入で暮らしていて、数え切れないほどの理由で仕事に戻ることができないのです。[1]

百年前であったら、同じような状況でもこのような問題にはならなかったことでしょう。数世代の同居は一般的であって、特に農村に多く見られ、それが国家の屋台骨になっていました。祖父母が子どもとその伴侶と彼らの何人かの子どもたちと同居している農家を社会が見下すということはありませんでした。家族が一緒になって農場で働き、家事をこなし、食事の準備をして毎日皆で夕食の食卓を囲んだものです。皆で協力しました。食事の後では夕方の涼しい時に皆玄関ポーチでくつろいだり、冬には暖かい暖炉の傍に集まったりしました。笑ったり話を分かち合ったりして、次の日もまた同じようにするのでした。子どもたちは両親が祖父母を尊敬している姿を見て、年長者に敬意を示す良いお手本を持っていました。祖父母たちは若者たちの喧騒と、彼らの大人になっている子どもたちが子育てするのを支えたり導いたりできる機会をありがたく思っていました。古い世代の多くの人々が、こういった生活は彼らに元気と活力を与えてくれたものだと述べています。すべての家庭がこんな風に心地よいものではありませんが、数世代同居の家庭というものは悪い考え方ではありません。強い家族の絆は強い信頼できる性格を育てました。そのような時代のことを何も知らない若い人々は大切な教訓を見逃したと思うのです。

私が言いたいことは、今日の祖父母や曽祖父母はしばしば大切な家族の役割を退けているということです。尊敬とは努力して獲得するものであり、努力の結果として与えられるものです。社会が高齢者の影響力を軽視してきた一方で、老人たちもあまり深く考えることなく自分たちの役割をあまりにも簡単に放棄してきました。聖書は私たちが親族、特に自分の家族の世話をするようにと告げています（1テモテ五・八）。最も長く生きてきた人たちがお手本を示すべきです。高齢者はもはや社会の中で求められていない、と言う人がいるかもしれませんが、だからといって私たちは後部座席に座る必要はありません。家族が壊れるとやがて社会が崩壊します。現在私たちの国が直面していることがこのことです。親しい友人がある時言いました。「若い人たちにリードしてもらう時が来たよ。われわれの時代は終わった。かつてはわれわれの思うようにやったけど、今度は彼らが思うようにやる番だよ」と。

私は自分たちの子どもたちが祖父母から影響を受けたことに感謝しています。私の父は私の子どもたちがまだ幼い時に亡くなり、私の母は車で二時間ほど離れた所に住んでいました。けれども子どもたちは母が一九八一年に召されるまでしばしば母を訪ねてくれました。一方、子どもたちはルースの両親の家から歩いて行き来できる所で成長しました。彼らは私の子どもたちと一緒に多くの時間を過ごし、それぞれの子どもたちの人生に深い影響を残してくれました。ベル医師は中国で医療宣教師であったときの話をして子どもたちを楽しませてくれました。流血場面の詳しい話をし出すと、ルースの母親がそんな話をしないようにたしなめる時もありました。子どもたちは笑って喜び、お祖父ちゃんがもっと話してくれるようにおだてたりしたものです。子どもたちは今でもまだその当時のことを話します。彼らはまた祖父母の経験と知恵から今でも励まされていることについてしばしば言及します。結局の所、それが彼らの受け継いだ伝統であり、彼らもまたそれを子どもたちや孫たちに繋いでいったのです。これが永続的な遺産です。

上のようなことはすべての人に共通する話ではないことを承知しています。家庭や家族の愛というものを経験したことのない人もたくさんいます。虐待や、愛や受容が決定的に欠如していた悲しい経験を多くの人がしています。社会は一つの世代が過ぎ去るとともに土台をさらに失っていくように見えます。ある高齢の夫婦は十代の孫たちをどのようにして感化すればよいか「全く想像もつかない」と述懐していました。全く関係を作ることができなかったのです。私の思うところでは、恐らく、私たちがこの世的な解決を探そうとしていることが問題ではないでしょうか。そうする代わりに、私たちは神様のみことばを探ってみるべきです。そこに私たちは解決を見出します。

仲間からの圧力は個人に影響を与え感化する上で切実なものです。聖書は次のように語っています。

もし、あなたが、卑しいことではなく、
高貴なことを語るなら、
あなたはわたしの口のようになる。
彼らがあなたのところに帰ることがあっても、
あなたは彼らのところに帰ってはならない。（エレミヤ一五・一九）

私の少年の頃には喫煙をするようにという仲間からの圧力がありました。私の子どもたちの世代では薬物をやってみないかという強い圧力を受けました。孫たちの世代になると社会のほとんどすべての年齢層で乱交の脅迫を受けるようになりました。何十年もの間、公立の学校制度から神様のみことばが欠けており、事実上家族が一緒に教会に集うことをやめてしまったために、彼らが道徳的に生き、神様を敬うように教える信仰的な感化がほんの少ししかなくなりました。

若者たちがどのように老人たちに影響を与えているかを読むと驚きます。どちらかというとまだ若いお祖母ちゃんが男性と暮らしていることについて言いわけをしておりました。「私の孫は私がかっこいいって言うんですよ」と彼女は言いました。これは孫が愛情深いお祖母ちゃんから「良いことを教え」（テトス二・三）てもらって、人生の洞察力を得ていた農家の生活からは大違いです。古い世代は若者たちを励ます方法を探すべきです。なぜなら、若者たちは絶えず間違った教えや悪い手本や圧力的なやり方で苦しめられているのですから。

百四歳になる一人の婦人にインタビューをしていたリポーターが尋ねました。「百四歳になって一番良いと思うことは何ですか」と。彼女は造作なく言いました。「周囲からの圧力がないこと」と。見事に言い当てているので苦笑してしまうかもしれません。年を重ねるごとに、私たちは若く感化を受けやすかったことがどんなものであったかを忘れる傾向にあります。

ジョージ・ベバリー・シェーは現在百二歳で人生を謳歌しています。彼は私を弟分だと思っています。一世紀もの間健康で充実した人生を送り今もなお年を重ねている人々は別格です。ベブ（ベバリーの愛称）がどうして若者たちと上手く心を通わせることができるのか、たくさんの人々がしばしば尋ねます。その理由はベブが自分の年齢をゆったりとユーモアをもって受け入れており、人々はその本物の魅力に引かれるからだと思います。彼らは彼の善意に満ちた精神と主イエス・キリストが彼にとっていかに大切かという証しによって元気をもらうのです。彼は若い人たちに受け入れられるために、自分の信仰を妥協させるようなことはしません。多くの若い人たちが彼の所に訪ねて行き、オルガンを弾いてほしいと彼に求めていることを興味深いことだと私は思っています。私たち高齢者は、自分たちの経験を分かち合うよりも、若者が求めているだろうと私たちが考えていることを与えようとして、しばしば若者たちを過小評価しています。私たちにとって自分たちの経験は今に始まったことではありません。しかし若者たちにとっては、聞いたことも考えたこともない情報なのです。スタンフォード大学で十年ほど前に老いについてフォーラムが開かれたことがあって、その話し合いに若者たちが招かれました。「なぜ老いは若者の問題ですか？」[2]という質問がなされました。一人の学生が次のように答えたと報告されています。「なぜなら私たちは皆同じ人生の旅路にあるからです。それで、私は他の人々がその道中で学んだことを知りたいのです」と。

　学びたいと思って観察している人々のために道を準備してあげられるとは何という光栄でしょうか。私たちはこのことを本当に重く受け止めているでしょうか。私たちのことをだれも気に掛ける者がいないと思い込ませることによって、サタンが私たちの感化を消してしまうことを私たち自身が許しているのです。この本を書こうとしていた時に、若い世代と高齢者世代との違いを話し合っている若者たちのブログに書かれていたコメントをいただきました。そこには次のように書かれていました。「両方の世代が社会に貢献することが必要です。若者たちは疑問を抱き、挑戦し、変化に火を点けます。高齢者は時々ブレーキを踏み、経験から生まれる知恵を提供してくれます。そういったことが人生を生きる上で賢い決断をするのを助けてくれるのです」[3]と。

　これはすべての若い世代の人たちを代弁してないかもしれませんが、すべての若者が高齢者から話を聞くことに抵抗しているのではない、ということを表しています。私たちが問われていることは、良い感化を与えることのできるチャンスが来た時にそれを避けていないか、あるいは、私たちが貢献することを重く受け止めるかもしれない人々に出会う時、私たちは責任を果たしているだろうか、ということです。聖書が教えていることは、各世代が学んだことを次の世代に繋いでいくということです。若者たちは詩篇の作者と共に次のように言えるようになることが大切です。

神よ。私たちはこの耳で聞きました。
先祖たちが語ってくれました。
あなたが彼らの時代　昔になさったみわざを。（詩篇四四・一）

あなたが召され長い時を経た後で、あなたの子どもたちや孫たちはあなたについて何を思い出すでしょうか。高齢者はせっかくの機会を見逃すことがあります。あまりにも自分たちの病気のことに捉われているために、自分たちが人々を追い払ってしまう原因になっていることもあります。孫さえも追い払うことがあるのです。

以前ある若者が私に宛てた手紙の中で次のようなことを言っていました。「お祖母ちゃんについて良い思い出がある、と言いたいところですが、私が思い出すのは、彼女はとても老けていて、いつもあらゆることに対してブツブツ文句を言っていたことだけです」と。また別の人はこんなことを書いていました。「祖父は私たちの訪問をいつも愉快なものにしてくれました。でもそれ以外の時は連絡をもらったことは一度もありません」と。落胆している娘は言いました。「私の両親は自分たちのことに没頭していて、引退した後、関心のあることと言えば、楽しむことだけです。私も年取るとあんな風になるのかしら。そうはなりたくないわ」と。

私もそんな風になってほしくありません。人生の後半をそのように過ごすことは神様のみこころではありません。ブツブツ文句を言うことや、周りの人に関心をもたないことや、身勝手なこと、そういった姿勢は私たちの後に続く人たちにどのような印象を残すでしょうか。もし私たちがそんな風であったら、彼らは私たちについて何を思い出すでしょうか。それ以上に、このような姿勢は人生をいかに生きるべきかについて、彼らに何を伝えるでしょうか。ほとんど何も有益なことは伝えないでしょう。

神様は私たちが人生の後半を無駄に過ごしたり、表面的で無意味な気晴らしで浪費してしまうことを望んではおられません。神様は私たちが後に続く人々に良い感化を与えるような生き方をし、人生を有意義に終わることを望んでおられます。そのように終わるための一つの道は、後に続く人々のために私たちの価値観や信仰を伝えることです。

遺産を残すことについて

子どもたちはコンピューターのようなものではありません。私たちは子どもたちをプログラミングして、子どもたちが私たちの思い通りのことをし、私たちの願いどおりの人間にならせることはできません。いのちの神秘だと思いますが、二人の子どもが同じ家族の中で同じようにして育てられても、成長するにつれて全く正反対の人間になることもあります。子どもは皆別々だということを親たちは知っていますし、最高の育て方をしても、ある子どもは親の養育努力を拒む場合もあります。親たちのできる最善のことは正しい環境を創ってあげることです。子どもたちを愛し、訓練し、子どもたちのために祈り、成長するにつれて賢い選択をするのに必要なツールを備えてあげることです。親たちはこれを教えることとお手本を示すことの両方で行います。すなわち、私たちの言葉と行いによってです。

親として私たちは子どもたちに対して直接的な影響力を持っています。孫たちに対する私たちの影響は恐らくずっと間接的なものとなるでしょう。当然、そうではない状況もあります。子どもが召されたり離婚したり、また他の状況が起きた場合は、祖父母が介入して親の役割を果たすこともあります。しかし大抵の場合は、子どもたちや孫たちに影響を与える機会は、私たちが年を取るにつれて次第に減少していきます。

かといって影響力を全く持たなくなるというわけではありません。実際、影響力を持っているのです。私たちの影響力が取るに足りないものだというわけでもありません。事実、重要な意味を持っているのです。実際のところ、子どもや孫たちに残す影響は、私たちの行いの中で最も重要なものとなるかもしれません。孫がいなかったり、子どもがいなかったり、あるいは私たちが独身であったとしても、私たちには次の世代や後々の世代に繋ぐ重要な、かつユニークな精神的遺産があります。彼らは私たちを観察しているのです。そして、私たちの人生から学んでいるのです。

ちょっと考えて見て下さい。彼らは老いの現実と老いというものにどう対処したらよいかをどのようにして学ぶでしょうか。あるいは、彼らはキリストとみことばの中に人生の堅い信仰の土台を築くことの重要性をどのようにして学ぶでしょうか。あるいはまた、人生において、特に年を重ねていく中で、キリストがもたらしてくださる意味を彼らはどのようにして見出すでしょうか。答えは明白です。彼らはこういった事柄をすでに年長者となっている人々から学びます。

最もすばらしい遺産

あなたが子どもたちや孫たちに残すことのできる最もすばらしい遺産は、あなたの人生で蓄積したお金や他の物ではありません。あなたが彼らに残すことのできる最もすばらしい遺産は、あなたの性質とあなたの信仰という遺産です。これは私たちと血が繋がっていなくても、私たちを知っていて私たちのことを観察している他の若者についても言えることです。

私たちが召された後、良きにつけ悪しきにつけ、子どもたちや孫たちが最終的に私たちについて思い出すことがこれです。もし私たちの性質が悪くて、貪欲さや思いやりのなさや、怒りや苦々しさや、わがままや無責任、あるいは誠実さの欠如やその他の負の作用をもたらす性質であった場合は、私たちが思い出されるのもそのようなものです。しかし、もし私たちの性質と品位が長い間キリストによって形成されていれば、彼らはそれを見ずにはおれないし、つい思い出してしまうことでしょう。

どうして信仰が最もすばらしい遺産なのでしょう。その理由は、私たちがどんな人間であったかという記憶（私たちの個性だけでなく、私たちの品性と信仰）は人々をキリストに導く上で影響をもたらす可能性があるからです。

私の両親は私に深い影響を残しました。母の親切で優しい性質と他の人々の霊的幸福のための配慮が、今もなおその実を結び続けています。母の公教育は限られたものでありましたが、母は聖書を愛し、他の人々に聖書を教えるために多くの時間を割きました。私はまた深い感謝をもって父の正直さや誠実さ、訓練や勤勉さを思い出します。

私の若かった時、近くに住んでいた老夫婦を観察していたことを思い出します。この夫婦は仲が良くて、彼らを遠くから見ていた人々に影響をもたらしていたとは全く気がついてなかったと思います。年月を重ねるにつれて、数限りない人々が私に影響を与え、その模範的な人生によって私を変えてくれました。その方たちはきっと全然気がついていなかったと思いますが。あなたの人生においても恐らく同じように人々が影響を与えてくれたことでしょう。他の人々に最も大きい影響を与えるものは、私たちの言葉によるよりもしばしば私たちの行いによるものです。

最もすばらしい希望

あなたが子どもたちや孫たちに対して抱いている最大の希望は何でしょうか（あなたの家族以外の次世代を担う方々をも含めて）。その人たちが思いやりや正直さ、正しさや責任感、利他的で忠実で自制心があり犠牲を払うような人になってほしいということでしょうか。その人々がイエス・キリストを救い主として信頼し、日々自らの人生の主としてキリストに従っていく人になることがあなたの希望であるはずです。

私たちはその人々のために代わってそのような決心をしてあげることはできませんが、キリストにささげられたすべての人のいのちを造り変えるキリストの愛と力のお手本となって、私たちがその道を示してあげることはできます。

ただここで一言注意が必要です。私たちは自分にないことをあるかのように振る舞うことはできません。キリストのご性質があるふりをすることはできません。もしキリストが自分にとって現実ではなくて、キリストと共に歩むことを学んでいない場合、また日々キリストに自分のいのちを開け渡していなければ、私たちについてこようとしている人々への霊的影響力はずっと少ないものになるでしょう。若い人たちは偽善に対してとても敏感に感じます。もし彼らが私たちの中に偽善を感じたら、彼らは私たちの偽善をはねつけて、私たちの助言に対して全く耳を貸しません。その反対に、もし彼らが私たちの信仰が誠実で私たちの愛が本物であることを感じれば、（たとえ私たちが完全ではないことを彼らが分かっていても）彼らは私たちを尊敬し、私たちの言うことを真面目に受け止めることでしょう。

加齢の問題が私たちを圧倒し、時すでに遅しとなるまで待つのではなく、今、イエス・キリストの固い土台の上に私たちの人生を築くことが大切なのはこのためです。果物を育てている人はだれでも、熟した果物は一晩でできるものではないことを知っています。成長するためには時間がかかります。私たちの人生における御霊の実もまた然りです。聖書は私たちが「何一つ欠けたところのない、成熟した、完全な者となること」（ヤコブ一・四）を強く勧めています。

隔たりを埋める

実際の話、四十年あるいは五十年もの年齢の差があって、何千マイルもの地理的隔たりのある人たちにどうやって良い感化をもたらすことができるでしょうか。長い間、ルースと私は孫たち（今ではひ孫を含めて四十三人になりますが）とのつながりにおいて、いくつかの習慣を実践してきました。もちろん完璧にというわけではありませんが、読者にとって何かの参考になるかもしれません。

絶えず彼らのために祈る

あなたの家族のために絶えず祈りましょう。彼らの必要は私たちよりも神様の方がはるかにご存知です。神様は「私たちが願うところ、思うところのすべてをはるかに超えて行うことのできる」（エペソ三・二〇）お方です。特に自分たちの家族の中にあって、神様は私たちのできないことを行う力を持っておられます。「去る者は日々に疎し」という古い言い回しがありますが、あなたの家族にそのような言い回しを当てはめないようにしましょう。家族のために定期的に祈りましょう。

（神様が、彼らを祝福してください）と漠然と神様に求める類の祈りのように大ざっぱに祈らないようにしましょう。あなたの祈りを具体的なものにして、毎日祈りましょう。神様が彼らを守ってくださるようにという祈りだけでなく、今日若者たちを攻撃している誘惑や悪から彼らを守ってくださるように祈りましょう。神様が彼らに正しいことを行い、間違っていることを避ける願いを与えてくださるように祈りましょう。そして成長していくにつれて、神様のみこころを自分たちの人生の中で見出していくことができるように祈りましょう。彼らが下さなければならない決断や、直面している困難のために祈りましょう。あなたが彼らのために祈っていることを知らせましょう。それは彼らの人生に干渉しているからではなく、あなたが彼らを愛し、彼らの生活に深く関心を抱いているからです。とりわけ、彼らがイエス・キリストに対して心と人生を開いて、キリストについて行く弟子となることができるように祈りましょう。

連絡を取る

家族は散らばりますから、常に連絡を取ることが難しい時もあります。それと各自のプライベートな生活に干渉しているという印象を与えないようにする必要もあります。しかし機会があればそれを生かしてください。家族によっては毎日連絡を取れる場合もあるでしょう。他の家族の場合はたまに電話を掛けたり、誕生日のお祝いの言葉を送ったりするくらいに限られるかもしれません。わざわざEメールの出し方を覚えたり、新しいソーシャルメディアのサイトに登録して、孫たちと連絡を取り合う機会を作っている祖父母を存じ上げています。

あなたが彼らを愛していること、彼らの生活に深い関心があることを伝えることも大切です。つい先ごろ、私が医師の診察を待っていた時、一人の女性が気軽な調子で私に孫がいるかと尋ねてきました。十九人いますと言うと、彼女はびっくりして息をのみました。「十九人ですって！」と彼女は叫びました。「どうやってそれに耐えているのですか。私は孫が二人ですが、それでも気がおかしくなりそうですよ。十九人もの孫に我慢することがどんなことか想像だにできませんわ」と。彼女の反応は最初おかしかったのですが、後で悲しくなりました。あなたの孫たちはあなたの気にいるような服装は身に着けないかもしれないし、あなたの好きなタイプの音楽は聞かないかもしれません。でも神様が彼らをあなたに与えてくださったのです。そして、神様は彼らを愛しておられるのです。彼らは神様からあなたへの贈り物です。ですから、あなたの言葉と行為であなたが彼らを愛していることを伝えてください。

彼らを励ます

聖書は「互いに励まし合い、互いに高め合いなさい」（1テサロニケ五・一一）と言っています。タルソのサウロ（後のパウロ）がダマスコ途上でキリストに出会った後、一人の男性が彼の友だちになり彼を励ましました。そして後に、サウロの第一回目の宣教旅行に同行しました。その男性の名前はバルナバと言い、「訳すと、慰めの子」（使徒四・三六）と呼ばれています。

孫たちを諭して彼らの間違いを教えてあげたいという気持ちが起きる時があります。そういったことも必要な場合があります。しかし欠点を指摘することに囚われないようにしましょう。私たちが彼らを愛していること、そして、とりわけ神様が彼らを愛していることを彼らが知る必要があります。励ましを受けるに値する時は励まし、値しない時は、別な道を取ることも考えたらどうかと励ましましょう。もし彼らに思いやりがなかったり、私たちの気持ちを傷つけたりすることがあれば、「赦して忘れる」ことを学習しましょう。

同時に落とし穴に注意しましょう。例えば、家族であっても容易にえこひいきすることがあります。一人の孫と特に仲良くし、他の孫たちよりも無意識の内に多くの時間を過ごし、より多くの贈り物をしたりすることがあります。しかし聖書は「何事もえこひいきせず行いなさい」（1テモテ五・二一）と語っています。神様が一人一人をお創りになり、一人一人を愛しておられます。私たちもそのようにすべきです。私たちが一人一人を愛し公平に扱うなら、彼らも自分に自信を持ち神様を信頼する人に育っていくことでしょう。

自分たちの立ち場を忘れないように

私たちは孫たちの親ではありませんから、一線を越えて孫たちの人生における彼らの親たちの仕事の邪魔をして緊張を生まないように注意する必要があります。また家族のいさかいで一方を支持することによって緊張や対立を生じさせないようにすることも必要です。聖書の教えによって導いていただきましょう。「何よりもまず、互いに熱心に愛し合いなさい。愛は多くの罪をおおうからです」（1ペテロ四・八）。

お手本になりましょう

あなたの子どもたちや孫たちは、何よりもあなたの行為や態度を通してあなたのことを学ぶということを覚えておきましょう。彼らはあなたの中にキリストを見ているでしょうか。彼らはあなたがキリストのいつくしみと愛の生きたお手本であったとして思い出すでしょうか。困難な時が来ても、加齢による障害があなたを襲ってきた時でも、その最中であなたの心の底にある平安や喜びを思い出すでしょうか。その人生がイエス・キリストによって変えられた者として彼らがあなたを思い出すことができますように。彼らの人生もまたキリストによって変えていただくことができると知ることができますように。

壊れた人間関係を修復する

何年も前に起きたことで傷ついた後遺症をどのように回復したらよいのでしょうか。そういったことが解決されていないために私たちを悩まし続けます。ほとんどの場合これらは癒されていない人間関係の破綻とつながっています。あなたの人生においてもこういったことがあるかもしれません。もしそうであるなら、そういったことに誠実に向き合いましょう。そしてその状況を変えるために、あなたのできることならどんなことでもしましょう。私たちが老いを迎え自らの人生を振り返る時、このような解決していない葛藤をどのように見るでしょうか。

「母と私とはいつも葛藤がありました」とある女性が最近私に手紙をくれました。「もう十年余り互いに口を利いたこともありませんでした。母が亡くなった今、母に『ごめんなさい』と言える時間を取り戻せるならどんなことでもします」と書いてありました。別な女性は次のように書いてこられました。「十二年前私は息子に縁を切ると告げました。今では果たしてそれで良かったのかどうか分かりません。とても寂しいです。息子は私の唯一の家族なのです」と。ある男性の手紙の中には次のような言葉がありました。「二十年以上も前に私は家族と縁を切ったようなものです。彼らに問題がなかったというわけではありませんが、私が一番問題だったことを認めざるを得ません。家族ともう一度連絡を取りたいのですが、私には興味がないと言われています」と。

これらの方々は（他にも何百人もの方々の言葉を引用することもできます）内容は少しずつ異なってはいますが、基本的に同じ問題を抱えています。つまり、関係が破綻したまま癒されていないということです。これらの方々にはもう一つ共通していることがあります。それは後悔しているということです。起きてしまったことに対しての後悔、失われた年月への後悔、癒すための時が過ぎてしまったことへの後悔です。

もし自分からまず一歩進めていれば、赦すこともできたであろう心の傷や、癒すこともできたであろう関係を抱えたまま人生の最後を迎えることのないようにしましょう。そうしない理由があるでしょうか。それを妨げているのは大体においてプライドです。私たちは自分が間違っていた、あるいは関係の破綻をもたらした要因の一部は自分にもあった、ということを認めたがりません。拒絶されたり、さらに心が傷つくもしれないことを恐れている場合もあります。理由が何であれ、過去の傷やいさかいを癒すことをあきらめないようにしましょう。

もちろん一度壊れた関係を修復することは容易なことではありません。傷つけられた人と、あるいは傷つけた人と和解することをとにかく拒んでいる人々もいます。自分のしたことの責任を取ることを拒んでいる人々もいます。起きたことに対して常にだれか他の人を責めている場合もあります。そのような場合は、恐らく彼らの問題を解決することはできないでしょう。でもあなたに背を向けた人と和解するために一層の努力をすることによって、あなたは自分の問題を解決することができます。「すべての人との平和を追い求め、また、聖さを追い求めなさい」(ヘブル一二・一四)とあります。また、「自分に関することについては、できる限り、すべての人と平和を保ちなさい」(ローマ一二・一八)と記されています。

いつも平和であることは無理かもしれませんが、しかし、努力を傾ける必要があります。

赦す心があなたの遺産の一部となるように神様に求めましょう。他者と和解するだけでなく、あなたの後に続く人々のためにキリストの赦しと恵みのお手本を残していきましょう。簡単なことではありません。熟慮と知恵と祈りが必要です。しかし、これはあなたが行う事柄の中で最も重要なことの一つとなるでしょう。

いつまでも残る遺産と共に御国に近づく

「赦し」という言葉は人間の語彙の中で最も美しいものの一つです。そしてそれは神様による罪の赦しによって最もすばらしく例示されています。神様の民が人間同士の間で赦しを実践する時、とげとげしさが優しさに置き換えられます。このすばらしい実例がヨセフの人生の中に表れています。ヨセフがまだ若者であった時に彼を奴隷として売り飛ばした彼の兄弟たちをヨセフは赦しました。ヨセフは兄弟たちが自分に対して悪を企んだけれど、神様はそれを善に変えてくださったと確信させたのです。その土地を襲った飢饉から多くの人を救うために神様がヨセフを用いられたのだと説明したのです（創世記五〇・二〇）。ヨセフが赦しを実践したので、彼は晩年に神様からすばらしく祝福されました。聖書は次のように語っています。「ヨセフはエフライムの子孫を三代まで見た。マナセの子マキルの子どもたちも生まれて、ヨセフの膝に抱かれた」（創世記五〇・二三）と。何というすばらしいレガシーでしょう。この信仰の英雄の孫もひ孫も祖父であるヨセフとの交わりを享受したのでした。もし私たちが自分自身の家族の中で赦すという心を持てなかったら、このキリストのご性質をどうやって他者に対して実践し、神様の祝福を知ることができるのでしょう。

聖書によると、すばらしい祝福は私たちが子らの子たちを見る時に得られると語られています（詩篇一二八・六）。私たちは神様の御手からいただく祝福を十分理解しているでしょうか。キリストのために自分たちの家族に影響を与えることのできる機会を私たちが用いることができるように祈ります。

第八章　永遠に残る土台

どのように建てるかは、それぞれが注意しなければなりません。だれも、すでに据えられている土台以外の物を据えることはできないからです。その土台とはイエス・キリストです。

（1コリント三・一〇―一一）

神は神の働き人を葬られますが、ご自身の働きは続けられます。

（チャールズ・ウェスレー）

若い人たちはまさか自分たちが老いるとは考えていません。彼らは若さあふれる時期の真っただ中にいて、希望や夢を生み出す興奮ではち切れんばかりです。一九三〇年代の後半、私は十九歳でフロリダ州のタンパ市郊外にあるフロリダ聖書大学（現在のトリニティ大学）の学生でした。他の何人かの学生たちと一緒にジャドソン・W・ヴァンデヴェンターという名前の老伝道者に出会いました。彼はJ・ウィルバー・チャップマン（D・L・ムーディと一緒に伝道旅行をして、後にビリー・サンデーの助言者となった人）と共に伝道をした人でした。ヴァンデヴェンダー師はその大学で賛美歌学を教え、「皆ささげまつり」（新聖歌三九一番）とか「イエスの血により救われて」（Saved Through

Jesus' Blood）とか多くの有名な賛美歌を作詞した人です。

ヴァンデヴェンダー師はフロリダ州にオレンジの果樹園を持っていました。先生がもはや働けなくなった時、学校の若者たちは霜が降りる前にオレンジを収穫するために果樹園に行きました。私たちは老説教者を無意識の内に探していました。若者たちが手助けをするとき、先生はとても感謝してくれたのです。私たちの作業によって先生は収益を得ることができました。私たちは先生ほど年を取ることを想像もできなかったし、当時は理解できなかったのですが、先生の模範から学びました。そのような出会いが人生の土台作りに貢献してくれます。

Ｊ・Ｗ・ヴァンデヴェンダー師はフロリダ州のテンプルテラス市にて一九三九年に八十四歳で亡くなりました。活気あふれる聖書大学の学生として、先生ほど長く生きることや、先生が必要としていた水準の介護についても想像できませんでした。先生はほとんど自分の世話はできなかったようでした。現在九十二歳になる私は、ヴァンデヴェンダー先生に対する感謝が深まるばかりです。私たち自身が他者に依存するようになると他者への尊敬は大きくなります。ヴァンデヴェンダー先生のために手伝いをしていた時のことを振り返ると、現在私のために親切に世話してくださる人々への感謝は一層深まります。高齢となった今、後に続く人々が歩む人生の道において彼らを励まし、将来に橋渡しをすることができることを願うばかりです。

私たち人生の最終章を歩んでいる者にとって、私たちの歩行は確かに遅いけれど、目的を失う必要はありません。私たちの最後の歩みに若者たちがついてきます。どういう意味でしょうか。私たちは今でも先を歩んでいるということです。しかし、私たちは雄々しく先を歩んでいるでしょうか。私たちの足跡について来ている人々のために道を開いているでしょうか。あるいは次のように自分に問うべきかもしれません。「私たちの足跡は後からついてくるのにふさわしいものか」と。もし私たちが主イエス・キリストの足跡について歩んでおり、キリストを土台とした硬い岩の上に橋を造っているのなら、答えは「然り」です。キリストだけが私たちの心配を取り除き、重荷を軽くしてくれるのです。

揺れ動く土台か、それとも確かな土台か

困難のない人生はありません。若い時に健康を損ねる人もいます。富裕な家に生まれてすべてを失う人もいます。愛を求めて何度も拒絶されるだけの人もいます。しっかりとした土台がなければ、人生の重荷は耐え難いものになります。神様は私たち一人一人のためにご計画を持っておられます。そして、神様は私たちがキリストを人生の土台とすることを望んでおられます。キリストはまさに神様が据えてくださった土台です。聖書では職人が自ら造っている物を「釘で打ち付けて動かないようにする」（イザヤ四一・七）ことが語られています。キリストが十字架の上で動かないように釘で打ち付けられた時、キリストは私たちの確かな土台となってくださったのです。D・L・ムーディはかつて

こう言いました。「あなたの人生をキリストにささげなさい。キリストはあなたの人生をあなたが自分でするより、はるかに豊かに用いることができるのです」と。

最近の出来事ですが、私たちの家からそれほど遠くないアパラチア山脈に何年か前に家を建てたある家族について聞きました。近くの渓谷を見渡し遠くの山々を正面に見ることのできるすばらしい眺めの、その現場は山の中腹にありました。彼らは設計図を描き、建設業者を選び、プロジェクトは予定通り進んでいきました。そして数カ月後に新しい家は完成しました。できあがった家に満足して、まもなくそのドリームハウスに移り住んできました。

ところがそれから一年ばかりで、彼らの夢は悪夢に変わったのです。問題の最初の予兆は土台のある場所の回りの土が僅かに沈下したことでした。そして時の経過と共に、沈下が進み、家の壁に割れ目が見え始めました。彼らは驚いて構造技術士を呼んで調査してもらいました。調べて分かったことは、老木の根株とか、砂利とか、建設の時に出た木くずのようなデブリで一杯になった穴の中に、土台のコンクリートの一部が注ぎ込まれていたのです。木が腐ることによって土地が緩み、壁がずれ始め、家全体が危険なほど不安定になっていきました。無知か怠慢か分かりませんが、建築請負業者は欠陥のある土台の上に家を建てたのでした。その過失によって修繕のためには高額な費用がかかり、時間を消耗する結果になったのでした。

この家に堅固な土台が必要であったと同じように、私たちの人生にも堅固な土台が必要です。人生の嵐のただ中において私たちを守り安定させるものは、揺るぐことのない信仰、人生の目標、道徳的価値観といった土台です。年齢に関わりなく、人生に対する神様のみこころに根ざした確固たる道徳的、霊的な土台ほど、私たちの未来のために備えを与えてくれるものは他にありません。

私がこの章を見直していた時、震度九・〇の地震が起こり、日本の北部地域を津波が破壊したというニュースが世界に流れました。何千人もの死者を出し、地軸をわずかに移動させたとさえ言っています。生き延びることのできた人々の苦しみと喪失感を思い私は悲嘆に暮れました。私の最初の反応は、その人々のために祈り、どんなことでも私たちのできることでその方々の支援ができるように神に求めました。息子のフランクリンがすぐに被災した地域に行き、日本の教会と協力してこの震災で人生が一変させられた人々の支援の働きを始めました。私はかつてそこに住んでいて、今やすべてを失った人々のことを思わずにはいられませんでした。人々は堅固な土台だと想定した場所に家を建てたはずです。地震が起こりやすい地方ですから、多くの人々は恐らく非常に慎重に場所を選んだことでしょう。けれども、土地が突然足元で揺らぎ、津波による巨大な水の壁がその地域を越えて行った時、土台は崩れ、最近の記憶では最も大きい自然災害となりました。

このような恐ろしい出来事があると、私たちが間違った土台の上に自らの人生を築いた場合、何が起こり得るかということを思わされます。普段なら十分堅固だと思われる所でも、人生の大きなストレスがかかると持ち堪えられないことがあります。しかしながら、残念なことに、多くの人々はこのことについて立ち止まって考えたり、自らの人生を築く土台について吟味したりしません。自分たちは正しい道に歩んでおり、常に土台も大丈夫だと思い込むのです。ある人々にとって人生の土台は好き勝手に生きることであったり、享楽であったり、遊興であったりします。他の人々にとって、それは経済的な成功であったり、社会的な名声であったりします。また別な人々にとっては、誰か適当な人を見つけさえすれば、…理想の居住地を見つけさえすれば、…最も稼げる仕事を獲得さえすれば…一生幸せになり安心して暮らせるだろうという思いであったりします。

しかし人々が心を静める時、本当にそうだろうかと疑問に思うかもしれません。個人的な危機に直面する時（例えば予期しなかった病気とか、子どもの反抗とか、経済的破綻とか）、自分の人生の土台が本当はどんなものであったか、いかに不安定で不確かなものであったかが明らかになることがあります。あるいは、目標に到達して、願っていたことすべてを達成した時、結局、成功とは虚しさと焦燥感と倦怠感をもたらすだけだと気づくかもしれません。伝道者の書の作者が言っていることと同じことを思うのかもしれません。

私は自分が手がけたあらゆる事業と、
そのために骨折った労苦を振り返った。
見よ。すべては空しく、風を追うようなものだ。（伝道者の書二・一一）

夢も希望も破れ、混乱して幻滅を覚え、一体どうしてこんなことになったのかと不思議に思うかもしれません。このようなことがあなたの身の上にも起きたことがあるかもしれません。

不安定な土台に人生を築くと、必ず問題が起こります。キリストの代わりに他のさまざまなもの、例えば、私たちの夢とか野心とか、私たちの希望とか目標とか、私たちの外見とか健康とか所有物とかを土台に据えると、こういったことが確かに起こります。一時はある程度の幸福感と満足感を味わうかもしれません。「結局、人生とはこんなものじゃないですか」と自分に言い聞かせたりします。「私たちはそんな風に生きるようにできているのじゃないですか。他の人たちも皆そんな風に生きているじゃないですか。少なくとも、そんな風に生きようとしているじゃないですか」と。ところが、遅かれ早かれ、不安定な土台はその本当の姿を現します。すると問題が起こり（必然的にそうなるのですが）、割れ目ができて、土台が崩れ始めます。そして悲しいことに、イエス様が譬えの中で語られたような人になってしまいます。「砂の上に自分の家を建てた愚かな人にたとえることができます。雨が降って洪水が押し寄せ、風が吹いてその家に打ちつけると、倒れてしまいます」（マタイ七・二六―二七）。

お金や成功や娯楽が永続する満足をもたらさないのはどうしてでしょう。特に私たちが老人になる時、そのようなものが幸せな人生のための堅固な土台とならないのはどうしてでしょうか。なぜなら、それらは人生の最も大事な真理を無視しているからです。私たちは単に身体と心だけで成り立っているのではなく、霊とも呼ばれている、魂を持っているからです。もしこの真理を無視するなら、つまり、もし私たちが身体は養うけれど、魂を飢えさせるなら、私たちの人生は十分に満たされません。そして、人生の必然的な困難に対して十分な力と備えがないことに気がつくことでしょう。遅かれ早かれ、人生の嵐は襲ってきます。その時、私たちは自らの人生を砂の上に建てていたことに気づくのです。

それでも将来に備えるという時、私たちは身体的健康や感情的な幸福だけに気を取られやすいものです。私たちはそのようなメッセージ攻めに遭っています。金融面でのアドバイザーによると、将来のために必要な備えは正しい投資をすることだと勧められます。健康に関する専門家によると、健康に良い食べ物を食べ、適切なビタミンを摂取し、適度な運動をすれば、健康になり、幸せになり、人に好かれると勧められます。本やテレビのコマーシャルは次から次と商品を宣伝し、成功して人生の問題を乗り切り、年を取らないための最新の情報を提供してくれます。化粧品会社でさえも、仲間に加わってきて、自分たちの商品が私たちの時間を取り戻し、若返らせると主張しています。最近読んだのですが、アメリカ人は老化防止化粧品のために一年間に約六百億ドルを費やしているとのことです。近い将来、その額は年十パーセントずつ増えていくと言われています。

もちろんこのような事柄のいくつかに関心を払うのは間違ったことではありません。私たちは将来のために貯蓄をして、自分の身体や感情面での健康について気をつけるべきです。でも将来への備えはそれで全てでしょうか。

答えは「ノー」です。確かな経済計画も万全の健康対策も、人生の試練が来る時私たちをしっかりと支えるには十分ではありません。身体的障害があなたの自由を奪う時、あるいは死があなたの愛する人をあなたから奪う時、銀行口座にたんまりとお金が入っていれば、それであなたは満足ですか。丈夫な身体があれば、孤独や悲しみや経済的不安定の嵐から守られるでしょうか。こういったことは加齢の過程が進むに従って私たちを悩ますものです。イエス様は言われました。「いのちは食べ物以上のもの、からだは着る物以上のものではありませんか」（マタイ六・二五）と。私たちにはもっと何か深いもの、揺るぎないもの、人生の試練の時にも私たちを支えてくれる何かを必要としています。人生を下から支えてくれる確かな土台が必要です。何が起ころうとも力と安定をもたらす土台が必要です。そしてそのような土台を築くのは今です。神様は私たちが必死になって幸福と安定と平安を求めながらも見つけることができず、人生を目的もなく漂うことを望んではおられません。神様は私たちが不安定なその場凌ぎの土台の上に自分たちの人生を築くことも望んではおられません。神様は私たちが必要とする土台をすでに備えてくださっているのです！

昔、ルースと私が自宅を建てようと計画していた時のこと、一人の友人が彼の知人の技術者に私たちの土地を調査してもらうことを申し出てくれました。喜んでお願いしました。調査結果で分かったことは、一定の条件下で長雨が続くと、私たちが家を建てようとしていた土地は断層のずれが起こる可能性があるということでした。その人の助言をいただいて、建築業者は表層土を貫いて岩盤まで穴を掘り、コンクリートで杭打ち工事をし、家を安定させ安全なものにしてくれました。結果的にそれが正しい解決方法でした。

私たちには岩盤のような堅固な土台が必要です。それを提供できるのは神様だけです。イエス・キリストこそが私たちの人生を築くのに必要な岩盤です。私たちが自らの人生をキリストに明け渡し、キリストとの関係を育てていくなら、キリストこそまさに堅固な土台であることを発見することでしょう。そして、他の土台は間違っていることが証明されるでしょう。聖書は次のように語っています。「使徒たちや預言者たちという土台の上に建てられていて、キリスト・イエスご自身がその要石です」（エペソ二・二〇）と。

確かな土台、キリスト

どうしてキリストを土台として人生を築く必要があるのでしょうか。それはまず第一に、キリストがどのようなお方か、という理由によるものです。イエス・キリストは単に約二千年前に生きた偉大な宗教家だったというのではありません。聖書によると彼はそれをはるかに凌いでいます。彼は人となられた神でした。毎年クリスマスを祝うのはこのためです。そして私たちは生きている限り毎日このことを祝うべきです。聖書によると、あの最初のクリスマスに神様は私たちが全く想像もできないことをなさいました。キリストは天から来られて人となられたのです。その方はイエスと呼ばれ、全き神であり全き人間でありました。

あなたは神様がどのようなお方か知りたいですか。それならイエスをご覧なさい。なぜなら、イエスは神が人となられたお方ですから。聖書は次のように語っています。「御子は、見えない神のかたちであり、…キリストのうちにこそ、神の満ち満ちたご性質が形をとって宿っています」（コロサイ一・一五、二・九）と。これを証明したものがキリストの死からの復活でした。復活はキリストが罪と死とサタンと地獄に勝利しただけでなく、キリストが神であるという真理をも証明したのです。キリストの教えは単に造詣の深い哲学者や宗教家の黙想から出たものではなく、私たちに対する神のメッセージであります。キリストのいつくしみに満ちた行いは、単に特別に慈悲深い人の行為であっただけでなく、私たち一人一人に対する神の愛と関心の表れであったのです。

キリストを私たちの人生の土台とすべき第二番目の理由は、キリストが私たちのために何をしてくださったか、という理由のためです。私たちの最大のニーズは神と和解し、神の家族の一員となるということです。しかし乗り越えることのできない障壁が立ちはだかっています。それは私たちの罪です。罪のために私たちは神から切り離されており、私たちは神のさばきの下に置かれています。そして、私たちがどんなに懸命に頑張っても、自分の努力で自らの罪を消し去ることはできません。私たちは神から遠ざかっており、神の聖なる御目の前に罪ある者となっています。預言者イザヤは次のように言っています。「あなたがたの咎が、あなたがたと、あなたがたの神との仕切りとなり、あなたがたの罪が御顔を隠させ、聞いてくださらないようにしたのだ」（イザヤ五九・二）と。神だけが私たちの罪を取り除くことのできるお方です。神は御子をこの世に遣わし、私たちのために御子が死ぬことによって、このことが可能となったのです。イエス・キリストは神でありましたから、キリストには罪はありません。しかし、十字架の上で、私たちのあらゆる罪がキリストの上に置かれたのです。そして、御子の死によって、私たちが受けるべきさばきと地獄をご自身が引き受けてくださいました。私たちが自分では決してできないことを、キリストがしてくださいました。もし私たちがキリストを受け入れるなら、キリストは赦しと永遠のいのちという賜物を私たちに惜しみなく与えてくださるのです。パウロが語っているように、「罪の報酬は死です。しかし神の賜物は、私たちの主キリスト・イエスにある永遠のいのちです」（ローマ六・二三）。考えて見て下さい。神様は今、あなたに救いの賜物を惜しみなく差し出してくださっています。イエス・キリストがすでにそのための代価を支払ったので、惜しみなく与えてくださるのです。

　私たちがキリストのところに来て、救われるためにキリストだけを信頼するなら、神様は私たちの罪を赦し、私たちは永遠に神様と和解するのです。神様もまた聖霊によって私たちの心の中に来て住んでくださり、私たちを神の子どもとして神の家族の一員にしてくださいます。そして今、私たちは神様のものとなっているので、いつの日か私たちは天国で神様と共に住むことになります。この世にあっては、あらゆる瞬間に神様は私たちと共にいてくださり、地上での旅路の最後まで伴ってくださいます。

あなたの人生をイエス・キリストという土台の上に築き、キリストのみこころをあなたの人生のために受け入れ始めるのに、もう手遅れだということは決してありません。なぜなら「だれも、すでに据えられている土台以外の物を据えることはできないからです。その土台とはイエス・キリストです」(1コリント三・一一)。キリストがあなたの人生の土台となっているでしょうか。

人生最大の決断

建築業者が新しい建物の工事を始める時、最初にすることは建物の基礎を築くことです。もしその過程を省くか、正しく基礎を築くことができなかったりすると、いかに外見が美しく見栄えのいい建物であってもそれには致命的な欠陥があり、持ちこたえることはできない、ということを建築業者は承知しています。遅かれ早かれ、その建物は弱くなり倒壊します。

しかしながら、建築業者が工事を始める以前、その土地に足を踏み入れる前にも、何か別のことをしなければなりません。その何か別のものというのは決断です。建築主が建物を建てるという決断が必要です。だれもが幸せで安心のできる人生を求めています。だれもが下から支えてくれる堅固で永続する土台を求めています。しかしそれを願うだけでは足りません！　私たちは決断をする必要があるのです。自分の人生の中にイエス・キリストを迎え入れ、キリストのみこころを信頼するという決断です。

あなたはイエス・キリストに自分の人生を明け渡したことがありますか。年齢に関わりなく、キリストの土台の上に人生を築こうとしていますか。人生で下す最も重要な決断は、あなたの人生をキリストにささげ、キリストの弟子になるという決断です。人生の嵐があなたを打ちのめすまで待つのではありません。その時には手遅れかもしれません。今、あなたの心と人生をキリストに開いてごらんなさい。「今は恵みの時、今は救いの日です」（２コリント六・二）。

もし今日まで、あなたの人生に入ってくださるようにとイエス・キリストを招いたことがなく、救われているかどうか定かでないなら、今この時、心を静めて、キリストがあなたの人生に入ってくださるように、そしてあなたを赦し、あなたを救ってくださるように求めてください。そうすればキリストはそのようにしてくださいます。そのような決断ができるように、今この時、次の祈りを（あるいは、これに似たような祈りを自分の言葉で）祈ることを心からお勧めします。

神様、私は自分が罪びとであることを知っています。罪を悔い改めます。そして罪から離れたいと願います。イエス・キリストが私の救い主であることを信じます。キリストを私の主と告白いたします。そして、今日、イエス・キリストが私の人生に入ってくださるように祈ります。この瞬間から、イエス・キリストを私の人生の土台とし、キリストに仕え、キリストの教会の交わりの中でキリストについて行きます。キリストの名によって祈ります。アーメン。

もしあなたが誠実にこのような祈りを唱えたのであれば、神様はあなたの祈りを聞かれ、あなたを赦してくださいます。そしてあなたは今から永遠に神様の子どもです。あなたはまた、人生を確かな土台の上に築くための最初の一歩を踏み出しました。それは地上での人生のみならず、永遠にまで続く土台です。そして、あなたの決断によって、将来の試練にも立ち向かうための道徳的、かつ霊的な力が生まれるのです。

確かな土台に立って御国に近づく

一八九六年にJ・W・ヴァンデヴェンダーが作詞した賛美歌の歌詞を思う時、クリスチャン生活の土台ということが思い浮かびます。

皆ささげまつり　わがものはなし
永遠（ときわ）に御旨（みむね）に　従いまつらん　（新聖歌三九一番）

イエス・キリストを主として、また救い主として受け入れ、自らをキリストにささげる時、キリストは私たちがキリストの足跡に従って歩むように命じられます。キリストの力を受けることによって、キリストに従い、キリストの臨在の中に生きる勇気をいただくことができます。年を重ねた人たちは、聖書の至る所に記されている伝記を通して、先に生きた人々によって築かれた土台から元気をもらってください。聖書は老いというものを軽視してはおらず、むしろ老いの価値と徳を教えています。神様の真理という土台を責任をもって繋いでいった人々の知恵に見ならうことは賢明です。

ヨシュアは百十歳で召される前に、彼が導いてきた人々を集め、昔の日々について思い出させました。人々の不従順と悔い改め、そして神様の赦しといつくしみについて彼は話しました。ヨシュアはその時一つの宣言をしました。彼の言葉は数千年後に世界中の家庭で飾られる言葉となりました。「私と私の家とは主に仕える」（ヨシュア二四・一五）というみことばです。ヨシュアは老人になっても尻込みすることなく、自分の責任を逃れることもありませんでした。彼は堅固な土台を築くための重要な事柄について人々に大胆に思い出させました。「あなたがたは主を恐れ、誠実と真実をもって主に仕え」（ヨシュア二四・一四）なさい、と語ったのです。

年を重ねてきた人々が人生の黄昏時に後部座席に座るのではなく、ヨシュアがしたように私たちも信仰をもって宣言する必要があります。「主に心を傾けなさい」（ヨシュア二四・一四）と。目を向け耳を傾けている人々は、ヨシュアの賢明な助言に聞き従った人々のように応答するかもしれません。「私たちの神、主に仕え、主の御声に聞き従います」（ヨシュア二四・二四）と。聖書はヨシュアについて「主がイスラエルのために行われたすべてのわざを経験」（ヨシュア二四・三一）したと語っています。私たちの声は弱々しいかもしれませんが、心を強くして人々に伝えましょう。神の愛は「いのちの水」を求めるすべての人の心の中に深く根を下ろすということを。

第九章　やがて根は成長する

このように、あなたがたは主キリスト・イエスを受け入れたのですから、キリストにあって歩みなさい。キリストのうちに根ざし、建てられ、教えられたとおり信仰を堅くし、あふれるばかりに感謝しなさい。

（コロサイ二・六―七）

学ぶことをやめた人は、二十歳であろうと八十歳であろうと、老人なのである。」

（ヘンリー・フォード）

私たちの文化では古いとか新しいとかで価値が決まるのではありません。最新のもので価値が決まるのです。ハイテクの世界がスピードを加速させながら前進しています。社会は最先端技術で磨きをかけていますが、それが時には人を欺くような場合があります。最近ケーブル・ニュース・ネットワークが新しいiPadの発表のために記者会見を開きました。そのプレゼンが終わる前に、その製品の製作者が次の交換用の新しい製品の計画を告げたのです。最新のもの、最高のものに遅れずについていくことは難しいことです。

このように技術刷新がますます速くなることは、特に私たちのような高齢者にとっては困難な課題です。私たちの世代はフォード社のモデルTと呼ばれる量産車から、何でもｉの付くiPhone, iPod, iPad, iCard, iStore, iSource などなどを見てきました。私たちは自分たちの所有物を大切にし、それを若い世代に繋いでいき、その意義のあったものを若者たちが大切にしてくれることを望んでいたものです。しかしながら、若者たちは一つの所有物を捨てて、同じように見えても、もっと多くのメモリーを持つ別の物を手に入れることに慣れています。すでに情報の洪水の中で溺れそうになっている世界では、ハイテク企業は絶えずメモリーの容量を増やし続けており、利用者は古いものを忘れ新しいもののためにスペースを作ることに興奮しています。一方で古い世代の者たちは、自分たちの人生で蓄積したメモリー（思い出）に必死でしがみつき、人生を安定させた錨（いかり）や導いてくれた灯台や、荒れ狂う波を静めてくれた神のみことばを忘れまいと心配しています。

　人気のあるテクノロジー関連のアクセサリー会社は会社のホームページに次の言葉を記載しました。「私たちはあまりにも多くのテクノロジーに取り囲まれているので、自分たちのルーツを忘れ始めています」[1]と。これは大した告白です。まさにその通りです。人々は情報に「つながる」ためにあまりにも神経を使うため、他者から「離れる」結果になっています。テクノロジーは人間関係を希薄にする場合があります。そして、人生の現実を押しのけてしまいます。一般的に言って、年齢を重ねれば重ねるほど、「離れる」ということを強く感じています。それは特に若者たちからです。祖父母である方々は決してあきらめずに、孫たちの関心を引くために創造的な方法を見つけるように勧めます。古い世代は短期記憶喪失と格闘しているかもしれませんが、集中力が続く時間は今でも若い世代よりも恐らく長いということを覚えていてください。若い世代の人々に、ルーツは大切だということを、お手本を示すことによって教えましょう。若い世代を育てるのは私たちの責任だということを忘れないようにしましょう。「互いに励まし合い、互いを高め合いなさい」（1テサロニケ五・一一）。

若い世代の人々は私の世代よりもひどい倦怠感に立ち向かっています。新しいものは新しさが持続し、長い間価値あるもののように考えられますが、やがて新鮮さは色あせていくものです。赤ちゃんが誕生して最初の何日かは、両親にとってかわいらしい泣き声であったものが、いつまでも治まらない泣き声になります。幼児の最初のよちよち歩きは行きたいところへ行けたということで喝采を受けるけれど、やがてどこか危ない所へ行くようになると叱られます。知恵者であったソロモン王は、最新のもの、最高によいものでも人はすぐに不満を持つようになることを預言して次のように記しています。

目は見て満足することがなく、
耳も聞いて満ち足りることがない。
日の下には新しいものは一つもない。

「これを見よ。これは新しい」
と言われるものがあっても、
それは、私たちよりもはるか前の時代に
すでにあったものだ。（伝道者の書一・八―一〇）

確かに私たちは皆ある意味、現代テクノロジーの恩恵を受けているのですが、もし突然コミュニケーションが機能するための電力を失ったとしたら、世界はどのような状態になることでしょう。若い世代の人々は作物を育てて家族を養う方法が分かるでしょうか。錘《おもり》を下ろして獲物を捕らえる方法が分かるでしょうか。額に汗して生き残る術を知っているでしょうか。新しいものはすばらしいものですが、古いものも必要なものです。

聖書の中には古いものと新しいものについて多くのことが語られています。「私があなたがたに書いているのは、新しい命令ではなく、あなたがたが初めから持っていた古い命令です。その古い命令とは、あなたがたがすでに聞いているみことばです」（1ヨハネ二・七）。この個所ではヨハネは読者に次のことを思い出させています。それは、神を知っているという証拠は、神が昔、つまり、「初めから」与えておられる命令に従うことにあるということです。神のことばを守っているなら、その人のうちには神の愛が全うされています（1ヨハネ二・五）。「初めから」あるものは、創造の始まりから存在している神の愛を含めて、どんなものでも古いものです。

人間が創造主なる神の、言葉で表せない愛を理解できなかった時、神は主イエス・キリストの姿で地上に愛を贈られました。私たちの救いは主イエスご自身が自らを犠牲とされたことに基づいています。私たちがしっかりと地に足を付けるためです。

種から苗木に育つ

どんなものでも育てるには時間がかかります。計画も立てなければなりません。覚悟が必要です。地を耕し、種を植え、根に水をやり、太陽が土から植物を生じさせるのを見ると、何かしら満たされた思いになります。建設を着工し、インフラを整備し、屋根を固定する時、満足感を覚えます。結果を出すためには年月が必要です。ストップウォッチでは、結果を見るために必要な数カ月という時を刻むことはできません。近年、忍耐という美徳が失われてきています。百年前には砂時計が時を刻んでいました。今日では、砂時計のアイコンがコンピューターの画面に数秒以上停滞していると、じっくりと考える暇のない学生や会社の重役にとって過度のストレスをもたらします。

私は手を使って働く人々を常に尊敬してきました。私の友人の一人が何年か前に退職した時、彼と彼の妻は退職後の住居を探し始めました。新しい住居の条件は、彼が大工仕事のできる作業場があることでした。今でも彼は近くの森を散策している時に見つけた古い木材で、美しいボウルやろうそく立てを造ります。

「作品を作る時、お気に入りの木材は何ですか」とある日彼に尋ねました。

「そうですね。アパラチア山脈の尾根に沿って生えている木から取ったものですかね」と彼は言いました。

「どうしてですか」

「あそこは気候が厳しいから木がゆっくりと成長するのです」と彼は言いました。

「そのため材木が堅くてきめが細かいのです。彫刻するには難しいのですが、それで作ったものはどれも長持ちがして、とてもきれいなのです」

その答えに私は驚きました。というのは、私はしばしばそのような樹木の間をハイキングしたことがあって、マウント・ミッチェルの山頂にたえず打ちつける猛烈な冷たい風によって樹木の成長は妨げられ、木々は歪み、グロテスクな形をしていたからです。マウント・ミッチェルの峰はミシシッピー川以東では米国で最も高い山頂で、私の自宅から十マイル程の所にあります。でも彼がそのような木材で作った一つの箱を見せてくれた時、風に打ちつけられて醜い形であったものが、匠の手によってすばらしいものに生まれ変わることがよく分かりました。私は彼に、原木の一部を見せてくれないかと訊いてみました。

「今は手元にないのです。私は樹木を伐採しないのですよ。樹木が自然に倒れるまで待つのです。その後で切り出して、その木材を何か美しいものに造り替えるのです」

ちょうどあの強風に打ちつけられる山の尾根の木々のように、私たちは人生の嵐にしばしば打ちつけられます。信仰が強く成長して、人生の試練に翻弄されてもしっかりと錨を下ろしておくために、あの木々のように、霊的栄養を補給するための地中深く伸びた根が必要です。

過去数年間に私たちの国と世界は次から次と、とてつもない嵐を経験してきました。私は二〇一〇年に著した「暴風雨警戒注意報」(Storm Warning)[2]という拙著を改定して最新情報を加えました。それは世界と、私たちの人生と、いつか来るであろうさまざまな嵐について聖書が語っていることに対して意識を高めるためでした。年を重ねるにつれて、私たちはまさか直面するとは思いもしなかったような嵐に遭遇します。しかし、神様の助けと恵みによって、嵐が吹き始める時でも、私たちは強く立つことができるのです。

聖書が私たちを木々に譬え、私たちの霊的な根が深く強くあるように勧めていることは決して偶然ではありません。詩篇の作者によると、信仰深い人々は「流れのほとりに植えられた木。時が来ると実を結び、その葉は枯れず、そのなすところはすべて栄える」(詩篇一・三)と記されています。しかし、樹木が突然成長した木になったのではありません。樹木の最初は小さな種から始まり、やがてそれが芽を出し苗木になります。もし条件が整えば、あのようにか弱い苗木が若木となり、ついには成長した木になります。

霊的ないのちについても同じことが言えます。それは種から始まります。神のみことばという種が私たちの魂という土壌に植えられ、やがてそれが芽を出し、新しい苗木になります。しかし、樹木と同じように、その霊的な苗木はいつまでも苗木のままであるように意図されてはいません。苗木は成長して強く成熟し、神様に喜ばれる実を結ぶように意図されています。聖書ではこの真理がもう一つ別な形で譬えられています。私たちがキリストに立ち返ると、私たちは新生児のようになると聖書は語ります。いのちにあふれていますが、自分ではどうすることもできず、弱く、あらゆる危険にさらされます。しかし、新生児はいつまでも新生児であるように意図されていません。幼児は成長して、やがて成人になるように意図されています。もはや自分ではどうすることもできないのではなく、弱くもなく、危険にさらされるのでもなく、自分のことは自分でやり、十分生産的な人生を送る大人になるのです。

私たちの霊性についても同じことが言えます。私たちがキリストに立ち返ると、私たちは新しく生まれ変わります。すなわち、天の父なる神様が聖霊によって私たちの心に働きかけ、神様の子どもとして私たちに新しいいのちをくださいます（ヨハネ三・一―一七）。しかし、私たちはいつまでも、あらゆる誘惑や疑い、偽りや恐れに対して弱く傷つきやすい霊的幼児であるように意図されていません。私たちが信仰において強く成長し、霊的に成熟することが神様のみこころです。神様のみことばに根ざし、みこころを行うように堅く意志の定まった霊的大人になることです。聖書は次のように語っています。「生まれたばかりの乳飲み子のように、純粋な、霊の乳を慕い求めなさい。それによって成長し、救いを得るためです」（1ペテロ二・二）と。

キリストにあなたの人生をささげることが重要な第一歩です。しかし、それは第一歩にすぎません。神様のみこころは、あなたが霊的に成熟することです。キリストとの絆が強く成長し、キリストに仕えるようになることです。しかし、これには時間と努力が必要です。回心は瞬間的になされますが、霊的成熟は生涯をかけてなされていくものです。その旅路には多くの道のりが伴います。そして、霊的成熟こそすべての人の中心的な目標であります。それがあなたの目標になっていますか。

ますますキリストに似た者となる

霊的成熟とはいかなるものでしょうか。別な表現をすれば、神様は私たちの人生で何をなさりたいのでしょう。神様はあなたの人生で何をなさりたいのでしょう。

聖書によると、その答えは一つの文で表現することができます。神様のみこころは私たちがますます主イエス・キリストに似た者となることです。神様は私たちを内面から変えたいのです。神様の名誉を汚すようなことすべてを取り除き、キリストの愛と聖さで置き換えることです。永遠の昔から神様のご計画は、私たちを「御子のかたちと同じ姿にあらかじめ定められたのです。それは、多くの兄弟たちの中で御子が長子となるためです」（ローマ八・二九）。これが霊的成熟です。「愛、喜び、平安、寛容、親切、善意、誠実、柔和、自制」においてますますキリストに似た者となることです。

私たちはこの目標にいつか到達するでしょうか。この地上での人生では到達しません。しかし、いつの日か、私たちは神様の永遠の臨在の中に入ります。その時には私たちは罪の縄目から完全に解放されます。するとその時、「私たちは、…キリストに似た者になることは知っています。キリストをありのままに見るからです」（1ヨハネ三・二）。

では、現在はどうなのでしょう。霊的成熟を目指して努力しても達成する見込みはないということなのでしょうか。そうではありません。私たちが今ここに生きている間に、神様は私たちを内面から造り変えて、キリストに似た者にし始めたいと願っておられるのです。天国においてその過程は完成されます。私たちを支配する罪の力は打ち砕かれます。そして、キリストが用意してくださっている天のふるさとを私たちは継承いたします。あなたのための神様のみこころが何か知りたいでしょうか。それはまさにこのことです。さらにキリストに似た者となることです。他の人々はあなたの中にキリストを見ているでしょうか。

根を張り巡らす

人生の不確かさや老いの試練をも含めて全生涯を最後まで助けるような強い信仰は、どうすれば育てることができるのでしょうか。そのカギはここにあります。神様は私たちが霊的に強くあることを願っておられ、私たちが必要としているあらゆる助けを備えておられます。自分だけでは私たちは弱い者です。そのため、私たちが自分の力だけで人生の闘いや試練を乗り切ろうとしても、失敗してしまいます。人生の課題に立ち向かうためには、私たちは神様の力を必要としています。神様が与えてくださっている助けを用いる時、神様は私たちの信仰を強めてくださいます。確かなものをしっかりと握るために、神様は私たちの中にある根を育ててくださいます。ペテロが語っているように、「私たちをご自身の栄光と栄誉によって召してくださった神を、私たちが知ったことにより、主イエスの、神としての御力は、いのちと敬虔をもたらすすべてのものを、私たちに与えました」（2ペテロ一・三）。

非常に残念なことに、多くのクリスチャンはこのことを見出していません。キリストに人生をささげたかもしれません。教会で活発に活動しているかもしれません。時々祈ったり、聖書を読んだりするかもしれません。しかし、人生の試練や挫折に直面しても霊的に未熟で弱いままです。「人の悪巧みや人を欺く悪賢い策略から出た、どんな教えの風にも、吹き回されたり、もてあそばれたりする」（エペソ四・一四）霊的幼子のままで留まらないようにと聖書は警告しています。

私たちは年を重ねているかもしれませんが、もし私たちの信仰が未熟であれば、恐れの中で覚悟ができていないまま人生の晩年を迎えることになります。しかし、そうなる必要はないのです。赤ちゃんが成長するためには栄養と運動が必要なように、私たちには霊的な食べ物と、神様が備えてくださっている霊的な運動が必要なのです。そういったものがなければ、私たちの信仰は弱いままです。しかし、そういったものがあれば、霊的力は増し加わり、人生で何が起ころうとも、しっかりと心構えができるのです。

どのようにして信仰を強くすることができるのでしょうか。神様はそのためにどのような霊的資源を与えてくださっているのでしょうか。これからの数ページで、神様が与えてくださっている五つの贈物について語りたいと思います。

神様のみことばという贈物

何年か前のこと、ルースは私たちの娘の一人に会いに行っておりました。そこでルースは孫たちのために初歩的なジップライン（終点の方が低くなるように空中にワイヤロープを張り、人が滑車でぶら下がって移動できるようにした設備）を造ろうと決めました。常に冒険的であったルースは、二本の木の間に角度をつけて強力なワイヤーを取り付けました。試してみるために、ルースは高い方の端がある木に登り、導管の一部で作ったハンドルを握り、斜めになっているワイヤーを滑降し始めました。ところが、ワイヤーが途中で切れて、彼女は四、五メートル下の地上に投げ飛ばされました。彼女は何本かの骨を折り、脊髄骨を圧搾し、ひどい脳震とうを起こし、一週間昏睡状態になりました。徐々に回復するにつれて、子どもの頃から暗記してきた聖書のみことばのすべてを含む、彼女の記憶の大きな塊が失われていることに気がつきました。「それは最悪なことでした」と彼女は後に言いました。「聖書は私にとってとても大事なもので、私の全人生を導いてくれたものです。ところが今ではその一節も思い出せなくなったのです。それはショッキングなことでした」と。彼女の心痛を理解しました。もし私が彼女の立場になっていたら、同じように感じただろうと思います。感謝なことに、時間の経過と共に、彼女が何十年とかけて学んできた聖書のみことばを含み、記憶が少しずつ戻ってきたのです。

なぜ聖書が彼女にとってそれほど大切であったのでしょうか。私たちにとっても、どうして聖書が大切なのでしょうか。その理由は単純です。聖書は神様のおことばだからです。私たちに真理を教えるために神様が与えてくださったものです。それをもって神様は私たちの人生を導いてくださるのです。聖書は次のように語っています。

わたしはあなたの神、主である。

わたしはあなたに益になることを教え、
あなたの歩むべき道にあなたを導く。（イザヤ四八・一七）

聖書は選択肢の一つではありません。もし私たちが神様の中に人生を根ざしたいのなら、聖書はなくてならないものです。

聖書によって私たちはどのように霊的に成長するのでしょう。先ず、聖書は私たちに真理を指し示してくれます。神について、私たち自身について、私たちを取り囲んでいる世界について、未来について、そして、とりわけ、イエス・キリストとキリストの愛についての真理です。人となられた神の御子、イエスだけが、次のように言うことができます。「わたしが道であり、真理であり、いのちなのです。わたしを通してでなければ、だれも父のみもとに行くことはできません。…わたしを見た人は、父を見たのです」（ヨハネ一四・六、九）と。クリスチャンの信仰は単なる個人的な意見でもなければ、根拠のない楽観主義でもありません。クリスチャンの信仰は変わることのない神様の真理を土台としていて、書き下された神様のみことばの紙面を通して私たちに啓示されているものです。聖書は私たちの信仰という根に絶えず水を注いでくれる雨のようなものです。聖書から私たちは毎日素晴らしいひらめきを汲み上げることができるのです。

さらに聖書は私たちの根に栄養を与えて成長させ、生きて行くための価値観を与えてくれます。毎日、私たちはさまざまな決断に迫られます。さほど重要でないものから、大変重大な決断まで（その時は気がつかないかもしれませんが）いろいろとあります。どうすれば正しい決断を間違いなくくだすことができるのでしょう。聖書の価値観を当てはめていくのです。詩篇の作者は次のように語っています。「どのようにして若い人は、自分の道を　清く保つことができるでしょうか。あなたのみことばのとおりに　道を守ることです」（詩篇一一九・九）と。この世にはそれ自体の価値観や目的があります。自己満足、成功、快楽、安心、プライド、などなどがあります。しかしこれらは間違った価値観であって、私たちが求める揺るぎない安心や平安をもたらすことはできません。

私たちの人生を導くガイドブックである聖書を通して、神様は私たちに別な価値観や目的を与えてくださいます。それらは私たちの人生の中心に自分ではなくキリストをいただくものです。聖書は私たちが罪と自己中心から離れるように告げます。それらよりむしろ、私たちが「義と敬虔と信仰、愛と忍耐と柔和」（1テモテ六・一一）を土台とすることを求めるように教えています。また聖書は日々の生活のための具体的な知恵を与えてくれます。聖書は私たちにとって教師であって、どのように生きていけばよいかを示してくれます。長年、私は箴言の中から一日一章を読むことを習慣としてきました。そのようにして毎月一回、箴言全体を読み通すことができます。箴言には広範囲の主題について具体的な知恵が満ちています。人間関係、所有物、家族、言葉、仕事、習慣、などたくさんあります。「主の道は平らだ。正しい者はこれを歩み」（ホセア一四・九）と書かれているように、聖書はあらゆることに関する確実な拠り所です。

初めから終わりまで、神様のみことばは約束で満ちています。神様の変わることのない愛に関する約束、神様の臨在に関する約束、神様の助けに関する約束、そして混乱のただ中における神様の平安の約束などです。とりわけ、聖書が私たちに約束してくれていることは、いつの日か、私たちは天国で神様と永遠を共にするという約束です。それはイエス・キリストが私たちのためになしてくださったみ業のお陰です。神様の約束を学び、信頼し、そして、毎日、それらの約束によって生きていきましょう。なぜなら神様によって「尊く大いなる約束が私たちに与えられています。それは、その約束によってあなたがたが、欲望がもたらすこの世の腐敗を免れ、神のご性質にあずかる者となるためです」（2ペテロ一・四）。

あなたは神様が聖書を通して私たちに与えてくださった教えや価値観の上に人生と生活を築こうとしておられますか。聖書に気おくれしたり、聖書を理解することは不可能だと思わないでください。たとえ一日に数節であっても、それを読めば神様はそれを用いてあなたの人生を新しく造り変えてくださいます。他の人々からも聖書を学ぶ機会を用いてください。牧師や、キリスト教ラジオ放送番組で尊敬されている教師や、聖書研究会や研修会や、キリスト教の書物などから学んでください。しかし、こういった学びがあなたの個人的な聖書の学びに取って代わることのないようにしましょう。

聖霊という賜物

私たちがイエス・キリストに立ち返って、キリストを信じ信頼する時、神様ご自身が私たちの心の中に来て住んでくださいます。私たちは何も感じないかもしれませんし、神様が臨在してくださっていることに気がつかないかもしれません。何かが自分の身の上に本当に起きたかどうか、疑うことすらあるかもしれません。しかし、本当に起きているのです。神様が今私たちの心の中に住んでいてくださるのです！　神様は聖霊によってこのことを実現してくださいます。

イエス様が完全な神様であられるのと同じように、聖霊様も完全な神様です。私たちは聖霊様を目で見ることはできませんが、聖霊様は私たちのこの世界で活発に働いておられる神様です。聖霊様は（引力のように）無機的な力ではありません。聖霊様は父なる神様や御子キリスト様と同じようにご人格です。つまり、そのご性質は人格的なのです。（ちなみに、聖霊様をそれ（it）ではなく、そのお方（He）という代名詞を用いるのはこのためです。）

私たちが自らの人生をキリストに明け渡す時、どうして聖霊様が私たちの心の中に入ってきて住んでくださるのでしょう。その理由の一つは、私たちに救いの確信を与えるためです。キリストが私たちのすべての罪を赦し、私たちに永遠のいのちの賜物を与えてくださっていることを、どのようにして知ることができるのでしょうか。それを知ることができるのは、聖書にそのように書かれているからです。そして、聖霊様が私たちの心にそれが真実であるという確証を与えてくださるからです。聖書によると、「御霊ご自身が、私たちの霊とともに、私たちが神の子どもであることを証ししてくださいます」（ローマ八・一六）と書かれています。

神様が私たちに聖霊様を与えてくださっているのは、私たちが神様のみこころを見いだすことを助けるためでもあります。確かに聖書は私たちが生きていくための基本的指針を与えて、悪を避け正しいことを行うように助けてくださいます。しかし、しばしば私たちはどちらも善いという選択に直面します。そんな時、どちらを選ぶことが正しいのか知る必要があります。例えば、仕事を転職すべきかどうか、家を売却すべきかどうか、この人と結婚すべきかどうか、退職すべきかどうか、などなど。人生はこのような決断がたくさんありますから、挙げればきりがありません。神様は私たちが決断できるように導いてくださいます。なぜなら、神様は私たちを愛し、私たちにとって最善を願っていらっしゃるからです。神様の約束は確かなものです。「あなたが右に行くにも左に行くにも、うしろから『これが道だ。これに歩め』と言うことばを、あなたの耳は聞く」（イザヤ三〇・二一）とあるとおりです。聖霊様は私たちの思いに光を当て、神様を求めるように導いてくださいます。聖霊様は霊的真理を私たちにも理解できるようにしてくださいます。

また聖霊様が私たちに与えられているのは、試練の時に私たちを励まし強めるためでもあります。「同じように御霊も、弱い私たちを助けて下さいます」（ローマ八・二六）と書かれており、これは私たちが祈る時に聖霊様が助けて下さるだけではありません。試練がやってくる時、聖霊様は聖書のみことばを思い起こさせて、神様の愛と守りを確信させてくださいます。誘惑に悩まされる時、御霊は私たちを強め、悪魔である私たちの敵と闘う勇気を与えてくださいます。パウロは、「どうか御父が、その栄光の豊かさにしたがって、内なる人に働く御霊により、力をもってあなたがたを強めてくださいますように」（エペソ三・一六）と祈っています。

最後に、聖霊様が来られたのは、私たちを内側から変えるためであります。神様は私たちの人生を造り変えて、私たちをキリストに似た者としてくださいます。私たちがどれくらい御霊を持っているかではなく、御霊がどれくらい私たちを所有しておられるかが重要なことです。聖書は次のように語っています。「この世と調子を合わせてはいけません。むしろ、心を新たにすることで、自分を変えていただきなさい」(ローマ一二・二)と。あなたの人生でこのことが現実のものとなっているでしょうか。

クリスチャン生活の闘いを自分自身の力で闘わないようにしましょう。そうではなくて、信仰と服従をもって神様に心を向け、聖霊様があなたを助けて下さることを信頼するようにいたしましょう。

祈りという賜物

ある人たちは祈りというものを重荷とか義務のように考えています。しかし、事実、祈りは神様の子どもたちにとって最大の特権なのです。考えてみてください。この宇宙をお創りになった神様は私たちがあらゆる関心事を祈りによってご自身のところに携えて来ることを望んでおられるのです！毎日祈りの時間を持ち、神様のみことばを定期的に学んでいて、強い信仰を持っている人が、長い間失望しているということを私は今までに聞いたことがありません。聖書は次のように語っています。「何も思い煩わないで、あらゆる場合に、感謝をもってささげる祈りと願いによって、あなたがたの願い事を神に知っていただきなさい。そうすれば、すべての理解を越えた神の平安が、あなたがたの心と思いをキリスト・イエスにあって守ってくれます」（ピリピ四・六―七）と。

神様はいつも私たちが願う通りに私たちの祈りに答えてくださいますか。必ずしもそうではありません。そのような約束を神様はされたことがありません。神様は物事の全体像をご覧になります。私たちはそれが見えません。神様は私たちにとって何が最善かをご存知であります。しばしば私たちは自分にとって何が最善か分かっていません。ですから、時には神様は「ノー」、あるいは「まだ」と言われます。しかし、私たちが祈る時、神様は私たちの祈りを聞いてくださり、神様の時と方法の中で私たちの祈りに答えると約束してくださっています。次のように書かれている通りです。「何事でも神のみこころにしたがって願うなら、神は聞いてくださるということ、これこそ神に対して私たちが抱いている確信です」（1ヨハネ五・一四）。

しかしながら、気をつけましょう。祈りは私たちが願っていることを求めるためだけのものではありません。祈りとは私たちの人生のあらゆる瞬間のためにあります。苦しみや喜びの時のためだけではありません。祈りとは実際の所、場所のことです。あなたが神様と真実な会話を交わす場所です。真の祈りには、神様のご性質とそのみ業に対して感謝と賛美をささげることが含まれています。テサロニケ人への手紙第一の五章一七節の中で聖書は、「絶えず祈りなさい」と告げています。私たちが危機に直面している時とか、神様に何かをしてほしい時だけではありません。状況がどれほど暗く希望のないもののように見えても、祈ることを決してやめてはなりません。祈りは生きる姿勢であります。あまりにも忙しくて祈るゆとりがない、ということのないようにしましょう。

私はしばしば病気の人や老人たちから手紙をいただきます。その方たちは、「私のできることはただ祈ることだけです」と言います。それに対して私は次のような返事を書きます。「最も大切なことをしてくださっているあなたに神様の祝福がありますように」と。私の伝道者の駆け出しの頃、私の母親が家で私のために祈ってくれているということを知ることによって、励ましを感じたことを思い出します。母親の祈りが私を強めてくれました。そして、そのことを神様は用いて、神様からいただいた使命に私が集中して献身するのを助けてくれました。私たちは祈りの勇士を必要としています。

交わりという賜物

私たちは人間としてもクリスチャンとしても他者から孤立して一人で生きるようにはできていません。私たちは他者を必要としており、他者もまた私たちを必要としています。このことは信仰の成長を求める時、とりわけ真実です。聖書は次のように語っています。「ある人たちの習慣に倣って自分たちの集まりをやめたりせず、むしろ励まし合いましょう」（ヘブル一〇・二五）と。孤高のクリスチャンは必然的に弱いクリスチャンです。なぜなら、その人はキリストにあって信仰の兄弟姉妹たちの人生で神様がなさっておられることから力を汲み取ることができないからです。

もしあなたが現在、教会の交わりに加わっていないのなら、聖書的な説教や教えや礼拝を通してあなたの信仰が成長するための教会へと、神様が導いてくださるように祈りましょう。教会は霊的な食物の宝庫です。教会で私たちの魂は霊的食べ物をいただき、霊的な栄養が与えられ、成熟した信仰へと進むのです。教会で私たちは、「互いに励まし合い、互いに徳を高め合う」（1テサロニケ五・一一）ことができます。

奉仕という賜物

私たちの身体が強くなるためには運動を必要としていると同じように、私たちの信仰も霊的に強くなるためには運動を必要としています。

死海にはいくつかの川が流れ込んでいるけれど、死海から流れ出る川が一本もないことがしばしば注目されます。そのために何世紀もの間、死海の水はミネラルが飽和状態になっているため、その中では何も生息することができません。出口がないために、そこは確実に「死んだ」海となったのです。私たちについても同じことが言えます。もし信仰を自分の中にだけしまい込み、他者を潤すため私たちの外に流れ出させなければ、そして出口を設けなければ、その時は私たちもまた死海のようになってしまい、いのちのない、霊的に死んだ者となります。

神様はあなたがいる所であなたを用いたいと望んでおられます。あなたは恐らく毎日、決して教会に入ったり、牧師と話したり、聖書を開いたりしない人々に出会っていることでしょう。あなたはそれらの人々を御子、主イエス・キリストに結びつけるために、神様が用いられる橋となるかもしれません。自分ではどれくらい相応しくないと感じていようとも、だれでも神様のしもべになり得るのです。モーセ自身は神様のために語ることはできないと異議を申し立てました。なぜなら彼は口下手であったからです。恐らく彼には発話障害があったのでしょう（出エジプト四・一〇）。素晴らしい友人であるイルムヒルト・ベーレント博士は、ドイツで「決断」誌（Decision Magazine）の編集長としてご奉仕しておられますが、この方は何年か前、身体が麻痺しました。その困難にもかかわらず、彼女の顔はキリストへの愛で輝いています。彼女は自分の医師や、療法士や、介護士の所へ行く度に感謝しています。なぜなら、「もし私がこのように車椅子に乗っていなければ、あの方々にイエス様についてお話する特権はなかったでしょうから」、と私たちの共通の友人に話されるのです。

しっかりと立つ

紫色の葉をしたスモモの若木は完璧な選択と思われました。その色は風景に溶け込みましたし、私の地域の隣人であった彼女は、その若木が成長すれば、彼女の家の東の角に日陰を作ってくれるだろうと考えました。ところが彼女の予想が外れました。その木を植えてから五年後、成長が止まったのです。害虫に食われたり、胴枯れ病に襲われたりして、頻繁に病気になっていました。さらに悪いことに、強い風が吹くと、枝が地面に触れるのです。どんなに杭で支えても、風雨に対して持ちこたえないのです。彼女がこのことを友人に相談したところ、友人はその木を調査しました。そして問題の原因が分かったのです。根を張っていなかったのです。壊れた排水管の近くに植えられていたため、その木は水を探すために、若木の時の丸まった根っこから根を張り巡らす必要がなかったのです。やがてその木は死んでしまいました。

その同じ春に彼女の土地の端っこに植えられたカエデの若木と比べてみましょう。わずかな根しか持っていないその若木は、太陽に向かって、そして水を求めて成長せざるを得ませんでした。五年後には、その木は成長の止まったスモモの木よりも大きく健康に育っていました。クリスチャン生活もまたこのカエデの若木のライフサイクルのようになる必要があります。私たちの信仰の根が真理の肥沃な土地に植えられた後、私たちは神様のみことばを理解し、聖霊様の近くに生き、祈りを通して神様と毎日話をし、キリストにある兄弟姉妹たちと交わりを持って、しっかりと成長する必要があります。いのちの泉から飲むごとに、キリストに仕えながら深く根を下ろしていくことでしょう。深く根を下ろすことによってのみ、私たちは人生の嵐に耐え、後に続く世代の人々に私たちの足跡について来る備えをしてあげることができるようになります。

成熟した信仰をもって御国に近づく

私たちの霊的な根を強くするには、神様のみことばから始めます。若い時は忙しすぎて聖書を読んだり聖句を暗記したりする時間がない、と多くの人が言います。そして気がつくと、すでに年を取り記憶力がなくなって、もう聖句を覚えることができないと言います。ある人々にとってはそうかもしれませんが、皆がそうであるとは限りません。私たちは覚えたいことは覚えているのです。

私たちのすばらしい友人であるロバート・モーガンは、最近、聖書の暗記に関するちょっとした本を著し、次のように書いています。「私たちの心は神様のみことばを特別に備蓄するために造られた保管室のようなものです」と。その本の中で彼の教会の八九歳になる婦人の話が語られています。その婦人は次のように言いました。「モーガン先生、先生が私たちに聖句の暗記を勧めてくださってとても嬉しいですわ。すでに覚えはじめました。心を若く生き生きと保つのに効果がありますの！」[3]と。彼女が心を若く生き生きと保とうとしていることを微笑ましく思いました。心を老け込ませなかったのです。神様のみことばの中に見つけた宝物で心や精神を満たすことほどすばらしい貯蓄はありません。

神様のみことばを覚えることによってどのような結果を得るかということを、宮で幼子イエスを見た時のシメオンとアンナという人々の人生に見ることができます（ルカ二・二七）。この人たちは古い旧約聖書の預言を知っており、救い主がイスラエルの民の中に生まれることを信仰によって信じていたので、彼らの晩年に聖霊が幼子キリストを彼らに啓示したのです。救い主がこの世に来たことを知るまでは死にたくないと願っていたシメオンは、幼子イエスを腕に抱き、祝福して言いました。「主よ。今こそあなたは、おことばどおり、しもべを安らかに去らせてくださいます。私の目があなたの御救いを見たからです。あなたが万民の前に備えられた救いを」（ルカ二・二九―三一）と。アンナは「やもめとなり、八十四歳になっていた。彼女は…断食と祈りをもって、夜も昼も神に仕えていた。…贖いを待ち望んでいたすべての人に、この幼子のことを語った」（ルカ二・三七―三八）のでした。シメオンとアンナの話の中に、神様のみことば、聖霊、祈り、交わり、奉仕のすべての賜物が一体となって働き、すばらしい祝福をもたらしているのを見ることができます。そしてすべては彼らが神様のみことばの中に心と思いを満たすことから始まったのです。

聖書の中に老人たちの信仰を読む時、私の心は常に感動します。神様の真理があなたの根に栄養をもたらしているでしょうか。私たちはそれぞれの仕事から引退するかもしれませんが、希望と充足感をもたらす神様の豊かな賜物に満たされることからは決して引退はしないようにしましょう。

第十章　昔と今

たとえ私たちの地上の住まいである幕屋が壊れても、
私たちには天に、神が下さる建物、人の手によらない
永遠の住まいがあることを、私たちは知っています。

（2コリント五・一）

人生の最終章が最良の章になることもある。

（バンス・バーバー）

私たちはどの段階で、あるいは何歳で、人生の最終章を生きているのか全く分かりません。出産の時に生き残れなかった人たちもいます。まだ青年の時に命を落とす人もいます。人生の働き盛りの時に地上から引き上げられる人も多くいます。

私は六十三年間を共にした妻、愛するルースよりも長く生きるとは思ってもみませんでした。彼女はこの不確かな世界を離れ、天国のすばらしい岸に着き、彼女が仕えた主イエス・キリストの恵みあふれる御顔を拝すると約束されている場所へ召されました。私にとって最も悲しい瞬間はルースが私

よりも先に亡くなった時です。私は彼女が尊厳と活気にあふれたユーモアと、穏やかな心をもって病いに耐え、主イエスにお会いする心備えをしているのを見守りました。彼女は人生の最終章についてたくさんのことを私に教えてくれました。彼女が今どこにいて、彼女が「どなた」と共にいるかを知っており、私もまもなく彼女の居る所に行けるという事実が分かっているということが、私にとって非常に大きな慰めとなっています。

二〇〇五年にニューヨークのフラッシングメドーズで最後のスタジアム大集会で説教をした時、そのたった二年後にはルースがいなくなるであろうとは想像だにしませんでした。次第に衰える私の健康状態では何年も命が持つとは全く思えませんでした。六十年間という長い期間、激しい説教の日程のために離れていたにもかかわらず、ルースのいない生活を考えたことは全くありませんでした。結婚生活の間中、私たちを繋ぐものはほぼ電話だけでした。そして、彼女の声が聞ける時はいつも感謝していました。今、もし彼女がたくさんの思い出を残してくれていなかったら、ここリトル・パイニィ・コーブの自宅での彼女のいない生活はとても耐えられるものではなかったでしょう。私たちのログハウスを五十年以上も前に建てた時、その建設の監督をしたのは彼女です。ですから今もなお、ルースの感触がすべての部屋に残っています。過去四年間、彼女がいなくて寂しい思いの中で、それ以外では学ぶことがなかったと思われることをたくさん学びました。ルースのいない時でさえ、彼女から多くのことを学んでいるのです。愛嬌のある性格から生まれる彼女のひらめきによって、魂の奥底からものを書くので、今でも私を笑顔にしてくれます。

この古い家は今は空っぽ
大抵は私しかいない
木々が山に生い茂ってきている
まるで仲間を求めるかのように[1]

この詩は子どもたちが皆、成長して家を離れた後の彼女の思いを反映しています。今なら空の巣症候群と呼ばれるのでしょう。ルースは単純にあるがままを表現しました。「昔と今」という風に。私は彼女が一つの人生の段階から次の段階へと穏やかに移り変わるのを見守ってきました。

神様は私たちの人生の移り変わりをその計画の中に入れておられ、後に来るものを受け入れる恵みを備えてくださっています。イエス様が地上での歩みを終えて「栄光」に帰って行かれようとした時、愛する弟子たちに次のように言われました。「わたしは去って行くが、…わたしを愛しているなら、わたしが父のもとに行くことを、あなたがたは喜ぶはずです」（ヨハネ一四・二八）と。「わたしが道であり、真理であり、いのちなのです」（ヨハネ一四・六）。そしてイエス様は弟子たちに指示を出して、仕事を与えられました。「わたしの羊を飼いなさい」（ヨハネ二一・一七）、「わたしに従いなさい」

(ヨハネ二一・一九)、「わたしの証人となり」(使徒一・八) なさい、と。イエス様は弟子たちをそのまま置き去りにされたのではありません。イエス様は彼らを仕事へと導かれたのでした。御国のために なすべき仕事でした。それは教会が困ることのないように、イエス様が御父のみ許へ帰られた後も弟子たち自身がイエス様の仕事に集中し続けたままでいるためです。主がこの世をご臨在のない状態で去られることなく、私たちの同伴者として聖霊様を遣わしてくださったことは、何というすばらしいことでしょう。

ルースのいない生活に慣れるということは決してありませんが、もし私が「今ここで」神様のご計画を探そうとしなければ、彼女は私を真っ先にたしなめたことでしょう。それが彼女の生きざまでした。大衆伝道の時代に成し遂げられたあらゆることの想いにふけって座り込むことは簡単なことです。主の「手で行われるこのような力あるわざ」(マルコ六・二) を知っているがゆえに、私は感謝しています。しかし、神様はあらゆることにおいてご計画を持っておられることも知っています。ですから、もし私たちの心と思いと目が主のご計画を見つめ、注意深く待ち望んでいるなら、神様は私たちを、私たちのために立てておられるご計画へと導いてくださいます。

国内の端から端へ、また外国から外国へと旅をしていた時代、私はめったにテレビを観る時間がありませんでした。それは「昔」のことです。「今」は私の視力が衰えて、テレビを観ることは困難です。教会へ行くことも容易ではありません。ですから、テレビで忠実に神様のみことばを説教してくれる方々に感謝しています。教会に行けなくとも聖書からすばらしい説教を聞くことができるからです。教会の礼拝に行かれなくなった高齢者のために主が用いておられる人々によって、私は個人的に恵まれています。

私は南カルフォルニアのスパルタンバーグ市からのテレビ放送を聞き始めました。第一バプテスト教会の主任牧師であるドン・ウィルトン博士のメッセージが私の心に響き始めました。それで次の日曜日の放送を心待ちにするようになりました。数カ月後、私は博士に電話をして彼の働きに感謝し、自宅に招待しました。私たちはすばらしい交わりの時間を共に楽しく過ごしました。その時から博士は毎週スパルタンバーグから快く九十マイルも運転して私に会いに来てくださいます。昼食を共にして家族のことや世界の出来事を話し合います。でも私たちが共に過ごす時に最もすばらしいことは、一緒に聖書を学び祈る時です。しばしば彼は準備している説教の素案を分かち合ってくださり、熱心に私の感想を求めます。私が準備しているステートメントや短い話の内容について彼の感想を求めることもあります。聖書のすばらしい教師と交わりを持ち、人々をキリストに導くという目的と願いで一体感を得られるのは、私にとってすばらしい光栄です。これこそ神様が神様のすべての民に与えておられる仕事です。今この時に。

望みなしに生きることのないように

私たちはこの世界だけに生きるように計画されていません。私たちは、終の棲家である天国で生きるように計画されています。天国が私たちの目標であり、喜びと希望です。実際にはすべての人がこのような考えに同意するものではありません。「あなたにはあなたの考えがあって良いと思います」と、ある若者が最近私に手紙をくれました。「けれど、私に関する限りは、人が一度死ぬと、それまでだと思います。私たちが死ぬ時は、道路の横で死んでいる動物と何ら違いはありません。私たちが経験する唯一の生命は、今生きている生命だけです。死後の生命というのは単なる神話です」と。

私は心を込めて返事を書きました。「あなたの手紙は私に深い悲しみをもたらしました」と書きました。「なぜなら、あの手紙はあなたが希望を持たずに生きていることを物語っているからです。今の人生と、後に来る人生に対する希望のことです。そのような考えがあなたの人生をいかに虚しく無意味なものにするか、正直に向き合ったことがありますか」と続けました。それから私は彼に、イエス・キリストに心を向けて、キリストの御手の中に自らの人生を委ねることを強く勧めました。死の彼方に何の希望もない人生とはどのようなものでしょうか。

死は現実です。しかし、死はもともと神様のご計画の中にはありませんでした。神様がアダムとエバを創造された時、神様は彼らに地上の他のあらゆる被造物と同じように身体を与えられました。しかし、一つだけ彼らには違いがありました。神様は彼らに身体だけでなく、神様のみ姿に似た魂、霊、を植え付けられました。神様がそうされたのは、彼らが神様を知り、神様の友となることができるためでした。そして、そのために彼らは永遠に生きるようにと計画されたのです。神様には死がありません。そして、神様のみ姿に似た者として、彼らもまた死ぬようには創られなかったのです。

しかし、恐ろしい何かが介入してきました。その「何か」とは罪です。罪とは死に至らせる霊的がんのようなものです。全人類に感染してしまいました。ですから、いつの日かあなたも私も死にます。まもなくかもしれませんし、まだ先のことかもしれません。でもいつの日か人生は終わりの日を迎えます。ある特定の時間から、あなたの全生涯を宿らせた身体は働きを止めて分解を始めます。そして、アダムに語られた言葉はあなたにも当てはまるようになります。「あなたは土のちりだから、土のちりに帰るのだ」（創世記三・一九）。聖書が死を「最後の敵」（1コリント一五・二六）と呼んでいるのも不思議ではありません。

しかし、死は本当に終わりなのでしょうか。死後のいのちなど神話だと言った若者は正しいのでしょうか。いいえ、完全に間違っています。聖書によると、私たちの身体は死ぬけれど、私たちの魂や霊は生き続けます。神様と共に天国においてか、それとも、聖書が地獄と呼ぶところの限りなき孤独と絶望の場所において、神様とその祝福から永遠に切り離されてか、のどちらかです。イエス様は言われました。「からだを殺しても、たましいを殺せない者たちを恐れてはいけません。むしろ、たましいもからだもゲヘナで滅ぼすことのできる方を恐れなさい」（マタイ一〇・二八）と。

現在のいのちで終わらない

しかし、現在のいのちが全てではないということがどうして分かるのでしょう。天国というものが私たちの側の単なる願望ではないということがどうして分かるのでしょう。神様は天国の現実をさまざまな方法で啓示してくださいました。例えば、私たちの心の中にはいのちは死では終わらないという内なる感覚というか感情を持っています。私たちがそれを否定しようと無視しようと、この内なる切望は心の中にあります。これは普遍的な感覚です。その感覚はどこから来ているのでしょうか。聖書によると、神様がそれを私たちの心の中に置かれたとあります。「神はまた、人の心に永遠を与えられた」（伝道者の書三・一一）。しばしば死に際に天国を垣間見たという人々の報告を指摘する人々もいます。そのような報告は慎重に扱う必要がありますが、時としてそのようなことが起こり得ることに疑いの余地はありません。私自身の母方の祖母は死に際に天国へと招かれるイエス様の幻を見たと言っています。

しかしながら、天国があるという最終的な証拠はイエス・キリストに由来します。イエス様は天国があることだけでなく、弟子たちもいつの日かそこに行くのだということを繰り返し話されました。

ラザロの姉妹たちにイエス様は次のように宣言されました。「わたしはよみがえりです。いのちです。わたしを信じる者は死んでも生きるのです。また生きていてわたしを信じる者はみな、永遠に死ぬことがありません」(ヨハネ一一・二五―二六)と。イエス様は弟子たちに次のように約束されました。「わたしの父の家には住む所がたくさんあります。そうでなかったら、あなたがたのために場所を用意しに行く、と言ったでしょうか。わたしが行って、あなたがたに場所を用意したら、…わたしがいるところに、あなたがたもいるようにするためです」(ヨハネ一四・二―三)。聖書全体の中で最もよく知られている聖句がこの真理を明確に示しています。「神は、実に、そのひとり子をお与えになったほどに世を愛された。それは御子を信じる者が、一人として滅びることなく、永遠のいのちを持つためである」(ヨハネ三・一六)。

死後のいのちがあるということを疑う余地なく知るにはどうすればよいのでしょうか。唯一の方法は誰かが死んで、その後に再びいのちに戻って、墓の向こうに何があるかを告げてくれることです。イエス・キリストが死人の中からよみがえられた時に起きたことが、まさにそのことだったのです。それは全歴史の中で唯一無二の驚くべき出来事でした。そしてそのことのゆえに、死が終わりではないということを知り、永遠のいのちの確信を得ることができたのです。聖書は次のように語ります。「罪の報酬は死です。しかし神の賜物は、私たちの主キリスト・イエスにある永遠のいのちです」(ローマ六・二三)と。

しかしそれだけでなく、イエス様の死と復活が私たちに告げていることは、罪と死が永遠に滅ぼされたということです。私たちは墓を恐れる必要がなくなりました。なぜなら、イエス様は死と復活によって、私たちのために天国の門を開いてくださったからです。聖書は語ります。「私たちの主イエス・キリストの父である神がほめたたえられますように。神は、ご自分の大きなあわれみのゆえに、イエス・キリストが死者の中からよみがえられたことによって、私たちを新しく生まれさせ、生ける望みを持たせてくださいました。また、朽ちることも、消えて行くこともない資産を受け継ぐようにしてくださいました。これらは、あなたがたのために天に蓄えられています」（1ペテロ一・三―四）。これらの言葉は使徒ペテロが晩年に書いたものですが、あなたや私に対する神様の約束であります。だれでもイエス・キリストを自らの主であり、また救い主であると信じて信頼する者に対する約束です。そうです。天国はあるのです！

天国とはどのようなところ？

天国とはどのようなところか、それを知りたくないという人（少なくともクリスチャン）にお目にかかったことがありません（私を含めて）。しかしこれは行ったことのない場所について知りたいという単なる好奇心ではありません。そうではなくて、天国は私たちが永遠を過ごす終の棲家です。ですから天国がどのようなところか、知りたくないわけがないでしょう。
確かに聖書は天国について私たちが知りたいことをすべて答えてくれているわけではありません。その理由の一つに気がついたのですが、天国とは私たちの小さな頭で想像できるものよりはるかに偉大なものだからです。たとえ神様が天国について私たちの疑問に全て答えてくださっても、私たちには理解することができないことでしょう。聖書は次のように語っています。

目が見たことのないもの、
耳が聞いたことのないもの、
人の心に思い浮かんだことがないものを、
神は、神を愛する者たちに備えてくださった（1コリント二・九）

天国にあってのみ、私たちは限りない栄光と不思議と喜びを完全に理解できるようになることでしょう。さらに聖書は次のように語っています。私たちは「やがて現される栄光にあずかる」（1ペテロ五・一）と。天国について私たちが知りたいこと全てを聖書が告げてくれなかったとしても、聖書は私たちが知る必要のあること全てを告げてくれています。聖書が天国について告げてくれていることは全て（例外なく）私たちを天国に行きたくさせてくれることでしょう。（その反対に、聖書が地獄について語っていることは全て、〈例外なく〉私たちをそこに行きたくない思いにさせることでしょう。）それでは、天国とはどのようなところでしょう。聖書は天国について少なくとも5つの重要な真理を告げてくれます。

天国は栄光に輝いている

私たちは美しい夕焼けや暖かい春の日を「輝かしい」と表現する時がありますが、地球上の最も圧倒されるような自然の光景も天国の輝きの影に過ぎません。使徒ヨハネが天国の栄光を垣間見た時、彼はそれを表現する言葉を辛うじて見つけ、地上にある最も素晴らしい物体に例えたのでした。ただしそれらよりもはるかに素晴らしいものでした。「都には神の栄光があった。その輝きは最高の宝石に似ていて、透き通った碧玉のようであった。…都の大通りは純金で、透明なガラスのようであった。…都はこれを照らす太陽も月も必要としない。神の栄光が都を照らし、子羊（キリスト）が都の明かりだからである」（黙示録二一・一一、二一、二三）。

なぜ天国は栄光に輝いているのでしょうか。それは天国が信じられないほど美しい所であるからという理由だけではありません。私たちを圧倒するような美しさであろうとは思いますが。天国が栄光に輝いているのには一つの究極的理由があります。それは天国が神様の住まいであるからです。「私はまた、大きな声が御座から出て、こう言うのを聞いた。『見よ、神の幕屋が人々とともにある。神は人々とともに住み、人々は神の民となる。神ご自身が彼らの神として、ともにおられる。』…御顔を仰ぎ見る。また、彼らの額には神の御名が記されている」(黙示録二一・三、二二・四)。考えてもみてください。もしあなたがイエス・キリストを知っているなら、いつの日かあなたは確実に神様のご臨在の中に永遠に入るのです！それがどのようなものかほとんど想像ができません。ただそれは例えようがないくらい輝かしいものでしょう。

天国は完全なところ

天国は栄光に輝いているだけでなく、そこは完全なところでもあります。これは予想外のことではありません。神様は完全なお方ですから、神様の御住まいである天国も完全なところです。

このことがどうして重要なことでしょうか。その理由は、天国にあっては不完全なものはすべて消え去るということを私たちに思い起こさせてくれるからです。聖書が語っているように、「完全なものが現われたら、部分的なものはすたれるのです」(1コリント一三・一〇)。現在、私たちを苦しめるあらゆる罪や悪しきことを考えてみてください。病気、死、孤独、恐れ、悲しみ、誘惑、失望、障害、中毒、戦争、紛争、怒り、嫉妬、欲望など、挙げればきりがありません。しかし、天国にあってはこれらすべてがなくなるのです！あらゆる悪しきことも罪も打ち破られます。あらゆる疑いも恐れも取り除かれます。あらゆる失望も悲嘆も癒されます。天国について聖書が宣言している最もすばらしい約束は次のことです。「神は彼らの目から　涙をことごとくぬぐい取ってくださる。もはや死はなく、悲しみも、叫び声も、苦しみもない。以前のものが過ぎ去ったからである。…すべての汚れたものは、決して都に入れない」（黙示録二一・四、二七）。

聖書は天国の完全性について決定的な真理を告げています。天国において私たちは完全な者にされるということ、そしていつかすべての被造物が完全なものになるということです。罪はもはや支配することがありません。なぜなら、罪もサタンも永遠に拘束されるからです。そして、私たちはキリストに似た者にされます。それだけでなく、神様の時の中で、私たちに新しいからだが与えられます。復活された後のイエス・キリストのごとき完全なからだです。現在の身体の持つあらゆる制約や弱さから解放されるのです。聖書は次のように語っています。「愛する者たち、私たちは今すでに神の子どもです。やがてどのようになるか、まだ明らかにされていません。しかし、私たちは、キリストが現われたときに、キリストに似た者になることは知っています。キリストをありのままに見るからです」（1ヨハネ三・二）。

これは私たちだけでなく、すべての被造物についても当てはまります。罪はあらゆるものに影響を与えました。私たちだけでなく神様によって造られた全世界が影響を受けました。罪を決して軽く見ないようにしましょう。罪の破壊的力はこの宇宙のあらゆる被造物、あらゆる物に及んでいるのです。これは信じられないような見解です。しかし、真相はここで終わっているのではありません。聖書の約束によると、いつの日か全被造物は終わりを迎え、「被造物自体も、滅びの束縛から解放され、神の子どもたちの栄光の自由にあずかります」(ローマ八・二一)。天国で神様が私たちにさせてくださることの一つが、神様の新しい創造の一部である無限の宝庫を探検させてくださることではないかと、私は思わざるを得ません。

いつこのようなことが起こるのでしょうか。いつキリストは再び来られるのでしょうか。敬虔な聖書学者たちが必ずしも細部に亘って同じ意見であるとは限りません。しかし一つの事実は明確です。いつの日かキリストは再び来られて、罪と悪のあらゆる力を打ち砕き、全被造物の上に至高の権威を打ち立てられるということです。キリストの再臨について具体的な日時を決めつけないようにと、イエスご自身が警告されました。「その日、その時がいつなのかは、だれも知りません。天の御使いたちも子も知りません。父だけが知っておられます」(マルコ一三・三二)。神様のお決めになっておられる時に、現在の世界の秩序は終わりを迎え、キリストが力と栄光と正義をもって治めるために帰って来られます。「私たちは、神の約束にしたがって、義の宿る新しい天と新しい地を待ち望んでいます」(2ペテロ三・一三)。

キリストが再び戻って来られるという約束は、私たちを希望と喜びと望みで満たしてくれます。しかし、キリストの再臨はもう一つ別の真理をも思い出させます。キリストが再び来られる時、キリストはこの世界を完全な正義でさばかれます。聖書によると、その日には、神様に対して逆らって、キリストによる救いの提供を拒んだ人々は、「永遠の刑罰に入り、正しい人たちは永遠のいのちに入るのです」（マタイ二五・四六）。これらは厳しい現実を突きつけるようなみことばであります。もしあなたが一度も罪から回心したことがなく、イエス・キリストに対して心と人生を開いたことがないのであれば、手遅れになる前にぜひそうしてほしいと祈ります。あなたの魂がどこで永遠を過ごすことになるか、危険な賭けをしないでほしいのです！

天国は喜びで満ちている

天国は栄光に輝いていて、完全なところであるだけでなく、そこはまた喜びで満ちているところでもあります。そうでないということがあり得るでしょうか。天国の栄光、その完全さ、そういったことだけでも想像を絶する喜びをもたらすのに十分です。しかし、天国が喜びに満ちている理由が他にもあります。ダビデ王は次のように宣言しました。「満ち足りた喜びが　あなたの御前にあり　楽しみが　あなたの右にとこしえにあります」（詩篇一六・一一）と。

天国は私たちよりも先にそこへ行ったすべての人々との喜びに満ちた再会の場所となります。天国で私たちはお互いの見分けがつきますか、としばしば尋ねられます。私の答えは常にはっきりとした「はい、つきます！」というものです。いつか間もなく私は天国にすでに入った私の家族みんなと再会できると確信しています。特に私の愛する妻、ルースに再会します。ダビデ王はこの望みを確信をもって表明しました。彼の幼い息子が亡くなった後で、彼は述べました。「あの子をもう一度、呼び寄せるだろうか。私があの子のところに行く…」（2サムエル一二・二三）と。キリストのお姿が変貌して、その天的栄光が地上の外見を覆った時、モーセとエリヤが天から現われて、見分けのつく姿でキリストと共にいました（マタイ一七・一―三）。聖書によると、天国では私たちはそれぞれ孤立した霊として互いに離れ離れになって、雲の上をあてもなく漂うのではありません（漫画の中で時々描かれているごとく）。そうではなくて、私たちは天国で共に結ばれるのです。「それから、生き残っている私たちが、彼らと一緒に雲に包まれて引き上げられ、空中で主と会うのです。こうして私たちは、いつまでも主とともにいることになります」（1テサロニケ四・一七）。

しかしながら、あなたはこのことからしりごみをするかもしれません。あなたを傷つけた人や、あるいはあなたが傷つけた人と会うことを期待して待つということはないかもしれません。そのことについては心配しないでください。天国においては、彼らは完全な者となります。そして、あなたも完全な人となるのです！

天国が喜びに満ちているのは、私たちの疑問のすべてが天国で解決を見るからでもあります。人生は複雑なものになることがあります。だれもが愛する者の墓の前に立ったことがあり、恐ろしい悪が勝ち誇っているのを目撃したことがあるでしょう。そんな時、「神様、どうしてですか？どうして神様、このようなことが起こるのを許されたのですか？あなたはどこにおられるのですか？納得がいきません」と尋ねたでしょう。けれどもいつの日か、私たちのすべての疑いや疑問が解決して、私たちは納得するようになります。パウロは次のように記しています。「今、私たちは鏡にぼんやり映るものを見ていますが、その時には顔と顔を合わせて見ることになります。今、私は一部分しか知りませんが、その時には、私が完全に知られているのと同じように、私も完全に知ることになります」（1コリント一三・一二）と。これに関連して、私たちは自らの人生を振り返って、自分たちに対する神様のいつくしみと恵みを喜ぶことができるようになるでしょう。

さらに、天国が喜びに満ちているのは、私たちのすべての重荷が取り去られ、二度と再び負わされることがないからです。聖書の中で、天国に関して最も慰めに満ちている描写は、天国が安らぎの場となるというものです。「今から後、主にあって死ぬ死者は幸いである。…その人たちは、その労苦から解き放たれて安らぐことができる」（黙示録一四・一三）。

けれども聖書は天国の喜びについて決定的な真理を告げています。天国の体験は喜びに満ちた礼拝の内に表現されるという真理です。ヘブル人への手紙の著者はそのことを次のように表現しました。「あなたがたが近づいているのは、シオンの山、生ける神の都である天上のエルサレム、無数の御使いたちの喜びの集い、天に登録されている長子たちの教会」(ヘブル一二・二二—二三)と。地上における私たちの礼拝は、不完全で、不十分で、表面的なものです。つまらなかったり退屈するものであったりもします。もちろん、そのような礼拝であってはいけませんし、私たちが神様の偉大さやいつくしみ、そして栄光に注目すれば、喜びに満ちた礼拝はすべての信仰者の日々の経験となるはずです。しかし、天国においては私たちの礼拝は完全なものとなります。なぜなら、私たちは救い主を顔と顔を合わせて見るからです。しばしば見過ごされていることですが、ヨハネの黙示録の中心的テーマは天における礼拝です。

また私は、…すべての造られたもの…がこう言うのを聞いた。
「御座に着いておられる方と子羊に、
賛美と誉れと栄光と力が
世々限りなくあるように。」(黙示録五・一三)

天国は活動的なところ

「正直に言いますと、私は天国に行きたいかどうか分かりません」と、つい先頃、ある方が私にEメールを送ってきました。「雲の上にぶらぶら座って何もしないのはとても退屈に思います」と言うのです。これは天国について深刻な誤解です。一般的な天国のイメージに反して、私たちは雲の上に座ってハープをかき鳴らすことはしません。その反対に、聖書は天国では私たちは忙しくなるだろうと語っています。神様は私たちに仕事を与えてくださるのです。「神と子羊の御座が都の中にあり、神のしもべたちは神に仕え」（黙示録二二・三）るのです。この世と天国の違いは、この世では私たちは倦み疲れますが、天国では私たちは決して倦み疲れることはありません。なぜなら、私たちにはキリストに仕えるための無限のエネルギーをいただけるからです。

私たちは天国で何をするのでしょうか。聖書ははっきりとしたことを述べていません。もし述べたとしても、どっちみち私たちには理解できないことでしょう！しかしながら、聖書は次のことを述べています。被造物すべてを治めるキリストのご支配に私たちが参加する特権を神様が授けてくださるということです。「彼らは世々限りなく王として治める」（黙示録二二・五）。私たちは天国で退屈するということは絶対にありません！

私の長年の協力者であり、大集会の指揮者であったクリッフ・バローズが以前、冗談交じりに言ったことがあります。天国では私は失業するけれども、彼は仕事を続けるだろう、と。その理由を彼が（目を輝かせて）言うには、天国では伝道者は必要とされないだろうけれど、天国の聖歌隊には指揮者が必要だろうから、だということです。私はそんなことは心配していない、神様が私のために何か他の仕事を見つけてくれる確信があるから、と言って彼を安心させました。さらに付け加えて言いました。神様は私を聖歌隊の指揮者にするかもしれないよ！と。

天国は確かにある

天国は栄光で輝いており、喜びに満ちあふれ、活動的なところです。でも天国が本当にあるということを確実に知ることができるのでしょうか。私たちが召される時、私たちはそこへ行き、そこが私たちの永遠の住まいになるということを「確かに」知ることができますか。聖書は「はい、できます」と語っています！

天国に入れないものが一つだけあります。それは罪です。神様は完全に清く聖なるお方です。ですから、ただ一つの罪でもあれば、あなたは神様の臨在から永遠に追放されるのです。しかし、イエス・キリストが来られて十字架の死と復活によってあなたの罪を取り除いてくださいました。聖書は次のように記しています。「御子イエスの血がすべての罪から私たちをきよめてくださいます」（1ヨハネ一・七）と。

あなたが自分自身に信頼している限りにおいて、例えばあなたの親切心や信仰的な行いや、心の望みによって自分は救われると考えている限りにおいて、あなたは決して救いの揺るぎない確信を持つことはできません。結局のところ、あなたの親切心や信仰的行いが救われるために十分であることがどうして分かるのでしょう。分からないのです。

救いは私たちの親切心によるものではありません。もしそうだとしたら、私たちは決して救われないでしょう。なぜなら、神様の基準は完全なものに他ならないからです。私たちの親切心が救いに十分でないのは、「律法全体を守っても、一つの点で過ちを犯すなら、その人はすべてについて責任を問われるからです」（ヤコブ二・一〇）。そうではなくて、私たちの救いはただイエス・キリストが私たちにしてくださったみ業で決まるのです。ですから、私たちは自分自身にではなく、イエス・キリストに対して信仰と信頼を持つ必要があるのです。

あなたはイエス・キリストだけがあなたを救ってくださると信じていますか。もし信じていないなら、あるいはその確信がないなら、あなたにお勧めします。今日、悔い改めと信仰をもってイエス・キリストに心を向けてください。そして、短い祈りをして、イエス・キリストがあなたの主となり救い主となってくださるために、あなたの心の中に入って来てくださるように求めてください。聖書は次のように語っています。「その証しとは、神が私たちに永遠のいのちを与えてくださったということ、そして、そのいのちが御子のうちにあるということです。御子を持つ者はいのちを持っており、神の御子を持たない者はいのちを持っていません」（1ヨハネ五・一一―一二）。キリストのいない生活を一日たりとも過ごさないようにしましょう。天国が確かにあるという神様の約束を疑わないようにしましょう。そして、イエス・キリストがあなたを救うために十字架と復活によってすでに成し遂げてくださったことを疑わないようにしましょう。疑いに襲われる時（悪魔はそうしたいとやっきになっていますが）、次のことを思い出しましょう。あなたがキリストに対して信仰と信頼を持っているなら、あなたはすでにキリストのものとなっているのです。あなたはキリストの家族として受け入れられているのです。ですから、あなたはすでに神に愛されている神の子どもです。それゆえに、聖書は次のように語っています。「どんな被造物も、私たちの主キリスト・イエスにある神の愛から、私たちを引き離すことはできません」（ローマ八・三九）と。あなたは神様の家族の一員なのです。永遠に！

私たちの終の棲家

私にとって伝道者であることはすばらしい名誉でありました。世界中の人々が人生を変革するイエス・キリストのメッセージを聞いてそれに応答するのを見ることができるのはすばらしい喜びでした。けれども個人的にはマイナスの面もありました。それは家を留守にすることがあまりにも多かったためです。時には何カ月も続けて留守にしたこともあります。しかし、旅行の長短にかかわらず、シャーロットかアシュビルに着くと、もうすぐ家だという気持ちになります。自宅は憩いと平和の場でありますす。自宅はまた愛と喜びと安心の場でもあります。

自宅よりもはるかにすぐれた意味で、天国は私たちの住まいです。終の棲家です。永遠に完全な平和と安心と喜びの究極の場であります。地上の私たちの家庭は最も良い家庭であっても不完全なものです。悲しいことに、多くの人々にとって家庭は現実には争いと不幸の場であるかもしれません。しかし、天国ではそうではありません。私たちがキリストのものとなっているなら、召される時、私たちはついに安らぎの中に入れられることを知っています。なぜなら、私たちは魂のふるさとに帰るからです。パウロがコリントの町にいたクリスチャンたちに書き送った言葉は私たちにも当てはまることでしょう。「肉体を住まいとしている間は、私たちは主から離れているということも知っています。…私たちは…むしろ肉体を離れて、主のみもとに住むほうがよいと思っています」（2コリント五・六、八）。天国は私たちの望みです。天国は私たちの未来です。天国は私たちの住まいです。私は最終的にふるさとに帰ることを待ち望んでいます。あなたもそうであることを祈ります。

　人生の重荷があなたにのしかかる時、あるいはその重圧がほとんど耐え難く思われる時、あなたの心を天のふるさとに向けましょう。「たとえ、死の陰の谷を歩むとしても　私はわざわいを恐れません。あなたが　ともにおられますから。あなたのむちとあなたの杖　それが私の慰めです。…まことに、私のいのちの日の限り　いつくしみと恵みとが、私を追って来るでしょう。私はいつまでも　主の家に住まいます」（詩篇二三・四、六）。あなたの望みや夢が破れる時、あるいは、人々に失望させられたり裏切られたりする時、あなたの心を天のふるさとに向けましょう。また、老いの衰弱や葛藤があなたを脅かし打ちのめす時、あなたの心を天のふるさとに向けましょう。

確信を持って御国に近づく

これこそまさにキリストがなさったことです。キリストがこの地上での生涯を終える前、キリストの心は天のふるさとにあって、私たちをご自身と共にそこへ連れて行かれることを考えておられました。「わたしは父のもとから出て、世に来ましたが、再び世を去って、父のもとに行きます」（ヨハネ一六・二八）。イエス様は弟子たちに語られました。「わたしが行くところに、あなたは今はついて来ることができません。しかし後にはついて来ます」（ヨハネ一三・三六）。そして次のように語られました。「わたしが行って、あなたがたに場所を用意したら、また来て、あなたがたをわたしのもとに迎えます。わたしがいるところに、あなたがたもいるようにするためです。わたしがどこに行くのか、その道をあなたがたは知っています」（ヨハネ一四・三―四）。

読者の方々、あなたはその道をご存知ですか。イエス様は告げられました。「わたしが道であり、真理であり、いのちなのです。わたしを通してでなければ、だれも父のみもとに行くことはできません」（ヨハネ一四・六）。年を取りすぎているから、キリストの赦しをいただいてその輝かしい臨在の中に入ることはできないという人は一人もいません。人生の旅路における経験を振り返る時、私たちが下したさまざまな決断を後悔しているかもしれません。でも忘れないでください。それは「昔」のことです。問題は「今」なのです。この書物を読んでおられる方が次のように言うかもしれません。「でも私は全生涯、キリストを拒んできました。もう手遅れです」と。あなたに申し上げます。それは「昔」のことです。大切なのは「今」なのです。聖書の約束は昔も、今も、変わることがありません。永遠に真実です。「見よ、今は恵みの時、今は救いの日です」（2コリント六・二）。

キリストの贖いの血潮による最も大切な賜物を受け入れた人々にとっては、天国の栄光を待ち望む理由があります。なぜなら、あなたは完全な者とされ、あなたは喜びに満ちた者になり、再び活発に活動する者となるからです。そして、今この時、あなたは「天のふるさとに近づいている」という確信を持つことができるからです。

著者紹介　ビリー・グラハム

世界的に名高い著述家、説教家、また伝道者であるビリー・グラハム師は歴史上、他の誰よりも多くの人々に直接、福音のメッセージを語り、185か国以上の国々を含む全ての大陸において奉仕されました。著作には「天使―その知られざる働き」1976年（Angels）、「神との平和」1956年（Peace with God）、「悩める心の希望」（Hope for the Troubled Heart）、「旅」（The Journey）、そして「暴風雨警報」（Storm Waning）などがあり、インスピレーションをもたらすこれらの名著は何百万人もの人々に読まれています。

訳者紹介　福江　等（ふくえ　ひとし）

一九四七年香川県生まれ。上智大学英文科に学び、ボストン大学大学院神学部博士課程修了。神学博士。高知加賀野井キリスト教会を創立。フィリピンのアジア・パシフィック・ナザレン神学大学院学長を務め、現在、高知加賀野井キリスト教会牧師、高知刑務所教誨師、高知県立大学非常勤講師。著書に「主が聖であられるように」（訳書）、『聖化の説教［旧約篇Ⅱ］―牧師一七人が語るホーリネスの恵み』（共著）などがある。

原　注

第三章　希望がもたらす力

1. E. Stanley Jones, *Growing Spiritually* (Nashville: Abingdon, 1953), 313.
2. E. Stanley Jones, *The Divine Yes*, with Eunice Jones Matthews (Nashville: Abingdon, 1975).
3. Laura Hillenbrand, *Unbroken: A World War II Story of Survival, Resilience, and Redemption* (New York: Random House, 2010).

第四章　人生の黄金期を考える

1. "Full Text of the Will of J. Pierpont Morgan: Will Executed Jan. 4, 1913—Codicil Executed Jan. 6, 1913—Died March 31, 1913," *New York Times*, April 20, 1913, http://query.nytimes.com/gst/abstract.html?res=FB0813F93A5D13738DDDA90A94DC405B838DF1D3 (accessed June 26, 2011).

第五章　力は衰えても強く生きる

1. S. Jay Olshansky, Leonard Hayflick, and Bruce A. Carnes, "No Truth to the Fountain of Youth," *Scientific American*, June 2002, http://www.scientificamerican.com/article.cfm?id=no-truth-to-the-fountain-of-youth (accessed June 26, 2011).

第七章　感化されやすい年代の人たちの心を動かす

1. Carol Morello, "A new generation of caregivers takes control of kids," *Washington Post*, September 10, 2010, http://www.washingtonpost.com/wp-dyn/content/article/2010/09/09/AR2010090906576.html (accessed June 26, 2011).
2. Meredith Alexander, "Stanford conference invites young people to discuss aging," Stanford News Service, April 27, 2001, http://news.stanford.edu/pr/01/Aging502.html (accessed June 26, 2011).
3. mshurn [pseud.], "Topic: can you differentiate the old generation from the new generation?" eNotes, accessed June 26, 2011, http://www.enotes.com/history/discuss/can-you-differentiate-old-generation-from-new-51515.

第九章　やがて根は成長する

1. "Introducing Root Cases," Root Cases LLC, accessed June 23, 2011, www.rootcases.com.
2. Billy Graham, *Storm Warning: Whether Global Recession, Terrorist Threats, or Devastating Natural Disasters, These Ominous Shadows Must Bring Us Back to the Gospel*, rev. ed. (Nashville: Thomas Nelson, 2010).
3. Robert J. Morgan, *100 Bible Verses Everyone Should Know by Heart* (Nashville: Broadman & Holman, 2010), 42.

第十章　昔と今

1. Ruth Bell Graham, *Clouds Are the Dust of His Feet* (Wheaton, IL: Crossway Books, 1992), 132.

天のふるさとに近づきつつ　－人生・信仰・終活－

2019年1月21日　初版発行
2025年5月　1日　2刷発行

著　者　　ビリー・グラハム
訳　者　　福江　等
発行者　　岡本信弘
発　行　　イーグレープ
〒441-1361　愛知県新城市平井字東長田33-2
TEL:0536-23-6195　FAX:0536-23-6699
E-mail:p@e-grape.co.jp
ホームページ :http://www.e-grape.co.jp

落丁・乱丁本はお取り替えいたします

ISBN 978-4-909170-08-8